K-이러닝 성공전략

에듀테크 활용, 메타인지 기반의 이러닝 품질관리

한국U러닝연합회

K-이러닝 성공전략 책 발간에 즈음하여

1990년대 후반 인터넷 활성화 붐을 타고 시작된 이러닝이 2004년 1월 이러닝법 제정 이후 범정부 차원에서 국가적인 정책지원에 힘입어 크게 성장하다 2020년 코로나19 감염사태를 계기로 부득불 비대면 교육을 할 수밖에 없는 상황에 이르게 됨에 따라 오프라인교육 대체재로까지 주목받기도 했다.

그러나 2023년 코로나19 감염이 완화되면서 다시 일상으로의 회복이 급격히 앞당겨지면서 이러닝의 위상이 흔들리는 이즈음에 "K-이러닝"이라는 화두로 본연의 임무를 추스르고 재도약의 발판을 마련키 위해 지혜를 모아야 할 때이다.

그런 측면에서 변화된 환경을 되짚어보고 K-MOOC 콘텐츠 개발 가이드라인 및 22개 사이버대학 등 이러닝 주요동향을 자세히 살피면서 한국적 이러닝을 의미하는 K-이러닝 차원의 재개념화, 재매개화, 재구조화를 바탕으로 새롭게 거듭나는 계기를 마련코자 다시 처음으로 돌아가 교수설계의 기본개념부터 이러닝 콘텐츠 개발 및 품질관리와 인증 등 운영 전반을 되짚어보고 K-이러닝 성공전략을 모색해보고자 이 책을 발간하게 되었다.

첨단 IT 기술 발전의 힘을 빌려 에듀테크로 공교육 활성화 지원과 함께 사교육비 절감이라는 두 마리 토끼를 다 잡아 사회적 책임을 다하는 등 K-이러닝의 대의명분을 확보해 이참에 처음 이러닝이 나올 당시 지역 간 계층 간 학습격차 해소로 지지를 받은 그때 그 시절 명예 회복에도 이바지하는 멋진 모습을 보여줘야 할 때이다.

이에 한국U러닝연합회는 이러닝 종사자들과 함께 변화된 환경에 걸맞은 차별화 전략을 바탕으로 개인별 맞춤 학습을 의미하는 "저공비행"과 지식 숲 생태계 조성, K-이러닝 독립방안을 중심으로 새로운 교육 패러다임을 열어가는 아이디어를 모아 나가고자 한다.

아무쪼록 이 책 발간을 계기로 이러닝법 제정 20주년 기념 및 K-이러닝 업그레이드 방안 모색의 장이 마련되기를 바라고 인공지능기술 기반의 미래학습 모델에 대한 논의가 활성화되기를 빈다.

2023년 11월

이러닝법 제정 20주년 기념 및 K-이러닝 성공을 기원하며
한국U러닝연합회 정현재 드림

CONTENTS

제1부 K-이러닝 시대 도래

1. 변화된 환경 ············ 14

- 가. 코로나 이후 에듀테크 활성화 ············ 14
- 나. 왜, K-이러닝으로 거듭나야 하는가? ············ 15
- 다. K-이러닝의 정체성 ············ 17

2. K-이러닝 주요 동향 ············ 20

- 가. K-이러닝 현황 ············ 20
  - 1) K-MOOC 현황 ············ 20
  - 2) 사이버대학 현황 ············ 23
    - (1) 사이버대학의 규모 ············ 24
    - (2) 사이버대학의 전망 ············ 25
- 나. 모바일 학습 혁명 ············ 26
- 다. 에듀테크로 ChatGPT 등 인공지능활용 학습 ············ 27

3. 재개념화, 재매개화, 재구조화 ············ 31

- 가. 동기의 개념 ············ 31
- 나. ARCS 모델 ············ 32
  - 1) 주의집중 Attention ············ 33
  - 2) 관련성 Re levance ············ 33
  - 3) 자신감 Confidence ············ 36
  - 4) 만족감 Satisfaction ············ 36
- 다. 학습자 재분석 차원의 "인간이란 무엇인가?" 등을 통한 새로운 모색 ············ 39

제2부 K-이러닝 교수학습 설계

1. 교수설계의 기본 개념 ············ 43

- 가. 교수설계 이론 ············ 43
- 나. ADDIE 모형에 따른 K-이러닝 교수학습체제 ············ 44
  - 1) 분석-학습 내용(What)을 정의하는 단계 ············ 44

- 2) 설계-교수 방법(How)을 구체화하는 단계 ·········· 44
  - 3) 개발-교수자료를 만드는 단계 ·········· 45
  - 4) 실행-프로그램을 실제 상황에 설치, 운영하는 단계 ·········· 45
  - 5) 평가-프로그램의 적절성을 결정하는 단계 ·········· 45
- 다. 학습 내용 분석 ·········· 45
- 라. 학습의 과정 ·········· 47
  - 1) 정보처리 모형 ·········· 47
  - 2) 가네(Gagne)의 정보처리 이론에서 학습의 과정 ·········· 47
- 마. 교수(수업) 사태 ·········· 51
  - 1) 주의력을 획득하기 ·········· 52
  - 2) 학습자에게 수업목표 알리기 ·········· 52
  - 3) 선수학습의 회상 자극하기 ·········· 53
  - 4) 자극 제시하기 ·········· 53
  - 5) 학습 안내 제시하기 ·········· 54
  - 6) 수행 유도하기 ·········· 54
  - 7) 피드백 제공하기 ·········· 55
  - 8) 수행 평가하기 ·········· 55
  - 9) 파지와 학습의 전이 증진하기 ·········· 56

2. 스토리보드 작성 ·········· 57

- 가. 스토리보드 작성의 중요성 ·········· 57
- 나. 스토리보드 작성 절차 및 내용 ·········· 58
- 다. 스토리보드 작성을 위한 기본 방법 ·········· 59
  - 1) 텍스트 분할 ·········· 59
  - 2) 공통화면 설계 ·········· 59
  - 3) 화면 작성 ·········· 60
  - 4) 그래픽 자료 개발 ·········· 60
  - 5) 음향 사용 결정 ·········· 61
  - 6) 색 결정 ·········· 61
  - 7) 검토 및 수정 ·········· 61
- 라. 작성 시 유의 사항 ·········· 62
  - 1) 학습 내용 작성 ·········· 62
  - 2) 질문 ·········· 62
  - 3) 피드백 ·········· 63
- 마. 스토리보드의 예시 ·········· 63

3. 학습자 중심의 인터페이스 설계 ········· 68

- 가. 콘텐츠 정보 ········· 68
- 나. 학습 진행 내비게이션 ········· 69
- 다. 학습 내용 ········· 70
- 라. 학습지원메뉴 ········· 70
- 마. 학습 진행 조절 ········· 71

4. 상호작용 설계 방법 ········· 73

- 가. 상호작용의 유형 ········· 73
  - 1) 교수자 - 학습자 간의 상호작용을 위한 설계 전략 ········· 73
  - 2) 학습자 - 학습자간의 상호작용을 위한 설계 전략 ········· 75

5. 내용제시 전략 ········· 76

- 가. 화면디자인 원리 ········· 76
  - 1) 일관성 ········· 76
  - 2) 명확성 ········· 77
  - 3) 심미성 ········· 77
- 나. 문서자료 배치방안 (1) ········· 78
- 다. 문서자료 배치방안 (2) ········· 79
- 라. 학습 요소별, 학습자 수준별 제시방안 ········· 80
- 마. 다양한 도표 활용방안 ········· 80
- 바. 색상 활용방안 ········· 81

제3부 K-이러닝 실행

1. 이러닝 콘텐츠 개발 ········· 85

- 가. 이러닝 콘텐츠 개념 및 개발 방향 ········· 85
- 나. 이러닝 콘테츠 개발과정 ········· 87
  - 1) 분석 ········· 88
  - 2) 설계 ········· 88
  - 3) 개발 ········· 89

CONTENTS

   4) 운영 ················ 91
   5) 평가 ················ 91
   6) 관리 ················ 92
  다. 이러닝 교수-학습 방법 ················ 93
   1) 자기주도적 학습 ················ 94
   2) 프로젝트 중심 학습 ················ 95
   3) 문제 중심 학습 ················ 96

2. 온라인 강의법 ················ 97

  가. 온라인 강의구조의 개요 ················ 97
  나. 강의구조의 설계 시 고려할 문제 ················ 98
   1) 간결한 설계 ················ 98
   2) 역피라미드 구조 ················ 99
   3) 적정 학습 단위 ················ 100
  다. 온라인 강의 운영 시 고려할 문제 ················ 100
   1) 학습개시 전 오리엔테이션(Orientation) ················ 100
   2) 지속적인 모니터링 ················ 101
  라. 온라인 강의에서의 평가 절차 ················ 103
   1) 학습평가 과정과 요구되는 기능 ················ 103
   2) 학습평가 방법별 특성 ················ 104

3. e학습 기술 ················ 105

  가. 학습 기술에 대한 학습이 굳이 필요한가? ················ 105
  나. 학습 기술 습득보다 자기 파악이 우선 ················ 107
  다. 학습유형 ················ 108
   1) 적극적인 학습자와 숙고하는 학습자 ················ 108
   2) 감각적인 학습자와 직관적인 학습자 ················ 109
   3) 시각적인 학습자와 언어적인 학습자 ················ 109
   4) 순차적인 학습자와 총체적인 학습자 ················ 109
  라. Kolb의 학습 사이클 ················ 109
   1) 구체적인 경험(실용가) ················ 110
   2) 반성적인 관찰(성찰가) ················ 110
   3) 추상적인 개념화(이론가) ················ 110
   4) 능동적 실험(활동가) ················ 111

마. 목적에 따라 달라지는 학습기술 112
바. 학습 기술의 다양한 구성 요소 113
사. 성공적인 학습의 공식 115
아. e학습 기술 116

4. 사이버 학습 커뮤니티 118

가. 사이버공간에서의 학습 커뮤니티 전개 모형 118
  1) 접근 및 동기 부여 단계 119
  2) 온라인 사회화 단계 120
  3) 정보교환 121
  4) 지식구성 121
  5) 발전 122
나. 학습 커뮤니티의 모형단계에 따른 튜터 활동 124
  1) 접근 및 동기 부여 단계 124
  2) 온라인 사회화 단계 124
  3) 정보교환 124
  4) 지식구성 124
  5) 발전 125

제4부 K-이러닝 품질관리

1. K-MOOC 콘텐츠 개발 지침 129

가. 콘텐츠 개발 지침의 취지 129
나. 지침의 구성 129
다. K-MOOC와 질 관리 129
  1) 기관 차원에서 고려해햐 할 MOOC 질 관리 체계 130
  2) 단일 강좌 차원에서 고려해야 할 MOOC 질 관리 체계 131

2. K-MOOC 강좌 개발 운영 참고사항 132

가. 설계 132
나. 개발 139
다. 검수 150

라. 운영 ················ 152

3. 한국U러닝연합회 콘텐츠 품질인증 ················ 154

가. 학습 내용 부문 ················ 155
나. 교수설계 부문 ················ 156
다. 사용자 편의성 부문 ················ 158
라. 학습환경 부문 ················ 158
마. 총평 영역 ················ 159
바. 가점 요소 ················ 159

제5부 K-이러닝 성공전략

1. 차별화 전략 ················ 163

2. 저공비행 ················ 163

3. 지식 숲 생태계 조성 ················ 164

4. 이기는 습관 ················ 165

가. 대박 콘텐츠 모델 확보 ················ 165
나. 한국적 정체성 확보 ················ 165

5. 이러닝 전문인력 업그레이드 ················ 169

가. 80년대생의 디지털 생활 활약상 ················ 169
나. 이러닝지도사의 역량 업그레이드 ················ 177

6. K-이러닝 독립 만세 ················ 179

가. 문제제기 ················ 180
나. K-이러닝 독립 방안 ················ 181

제1부
K-이러닝 시대 도래

1. 변화된 환경
2. K-이러닝 주요 동향
3. 재개념화, 재매개화, 재구조화

제1부
K-이러닝 시대 도래

1. 변화된 환경
2. K-이러닝 주요 동향
3. 재개념화, 재매개화, 재구조화

이러닝의 역사가 20년을 훌쩍 넘어 이제 성인의 단계에 이르렀다고 할 만큼 많은 성장을 이뤄냈기에 지금 시점에 우리나라 이러닝의 정체성을 되짚어보고 새로운 성장의 계기를 세워나가는 것이 무엇보다 중요하다.

특히, K-이러닝이라는 개념으로 전자적 수단을 통한 방법론적인 측면과 아울러 한국적 특성이 담긴 이러닝을 재개념화시켜보고 또한 시대정신을 고려해 재매개화시키는 노력이 필요한 시점이다.

우리나라 특유의 교육과 배움의 역사를 고려해보면 인터넷을 기반으로 한 전자적 학습, 즉 이러닝도 이런 한국적 정서가 녹아들 수밖에 없기에 면면히 이어온 우리 민족의 문화와 역사를 바탕으로 한 K-이러닝의 의미를 되짚어보고 앞으로도 IT 기술 발전과 함께 진화해나갈 이러닝의 미래를 한국적 특성을 반영한 독특한 길을 담아내는 것이 역사적 사명이고 이러닝에 몸담은 사람의 임무임이 틀림없다.

5000년 역사를 이어온 우리 역사와 함께한 한반도 땅에서 백두대간의 정기를 담은 지형·지세에 한민족의 독특한 정서가 형성되어 교육훈련에도 분명 이런 문화가 녹아 있어 조선 세종 시대의 한글 창제와 일제 침략으로부터의 독립쟁취 등 유구한 민족생존 정신을 K-이러닝에도 그 혼과 정신을 담아 한국적 이러닝의 맥을 이어가야 할 것이다.

1990년대 인터넷의 확산과 함께 시작된 이러닝이 전자칠판을 통한 '밑줄 쫙' 보충 강의에서 진화해 지역 간 계층 간 학습격차 해소를 위한 교육 민주화에 기여하고 언제 어디서나 쉽고 편하게 접속해 공부할 수 있게 하는 등 디지털 학습 혁명의 실마리를 제공했다.

또한 최근에는 메타버스 및 인공지능을 활용한 AI 기반 학습 등 방법적인 측면에서 급속한 진전을 이뤄 첨단 에듀테크를 통한 공교육 혁신으로 정부 차원의 이러닝 진흥정책까지 쏟아져 나오고 있는 단계이니 이런 분위기를 잘 타고 넘어 내용적인 부분까지 채워 넣어 K-이러닝으로 업그레이드시켜 나가는 것이 중요하다.

그러하기에 감히 K-이러닝 시대의 도래를 선언하고 앞으로 독특한 색깔을 지닌 우리나라만의 독특한 이러닝 진화의 길을 뚜벅뚜벅 이러닝 종사자 여러분들과 함께 새로운 교육 패러다임 창출해 나가야 할 것이다.

1. 변화된 환경

가. 코로나 이후 에듀테크 활성화

2023년 봄부터 코로나19 감염사태가 해제되기 시작하면서 비대면 수업 또한 대폭 줄어들면서 이러닝이 다시 해도 그만 안 해도 그만인 시기로 돌아서 버렸다. 코로나19로 인한 비상 상황이 끝나고 다시 일상으로 복귀하면서 이러닝이 그동안 주목받다가 이젠 오프라인교육의 보조적 수단으로 돌아섬에 따라 이러닝의 존재가치를 다시 증명해야 하는 시기가 됐다.

혹자는 코로나19로 인한 위기의 시기에 문제해결자로서 좋은 시절 잠깐 누리다 거품 빠지고 이제 다시 예전으로 돌아간 상태가 되었기에 이러닝의 전반을 되짚어봐야 할 시기라고 할 만큼 진지하게 이러닝의 존재가치에 대해 숙고해봐야 할 시점이다.

반면 정부에서는 에듀테크의 교육적 활용 측면에서 이주호 교육부 장관의 진두지휘하에 이러닝이 에듀테크로 학교 수업에 녹아들게 하고 있어 새로운 기회가 되기도 한 만큼 대안적 교육 방법론으로 그 위상을 높여 나가야 하는 지상과제에 맞닥뜨려 있다.

또, 한편에서는 온라인 사교육이 메가스터디를 대상 삼아 이권 카르텔로 공격당하는 분위기가 있어 이러닝의 부정적인 측면과 공교육의 지원이라는 긍정적인 부문 이 두 가지가 남아있는 묘한 국면에 처해 있다.

메가스터디 인기 강사가 연봉 100억 받는 걸 죄악시 하며 일부 학원 강사가 수능 문제출제와 결탁한 비리에 연루되어 있다는 기사 유출 및 평소 온라인 사교육에 부정적인 여론이 만들어져 있는 상황인지라 '이권 카르텔' 무기로 공격하는 게 일견 먹히는 꼴이 되어버려 자칫 이러닝에 더욱 부정적인 이미지가 강화될까 우려되기도 한다.

아울러 고용노동부 고용보험 환급제도도 상대평가 도입 등 규제를 위한 심사요건이 점점 강화되는 국면인지라 이러닝이 진퇴양난에 빠진 듯하기에 K-이러닝이라는 화두로 반전이 필요하다.

나. 왜, K-이러닝으로 거듭나야 하는가?

국내 이러닝 도입이 20년이 지난 지금, 예전처럼 대충 동영상 찍어 올릴 게 아니라 이러닝의 교육적 효과 및 태도 변화 가능성 등 뭔가 확실한 성과를 보여줘야 할 때 인지라 코로나 해제 이후 왜 이러닝으로 해야만 하는지 등 이러닝의 정체성을 확실히 정립하는 계기가 마련되어야 하는 시점이다.

또한 전 세계가 한류 붐으로 한국의 위상이 높아지는 최근 추세에 발맞춰 교육 및 이러닝에도 우리나라의 정체성을 살린 K-이러닝으로 한류를 등에 업고 세계무대로 나아가는 계기를 만들어야 하기에 K-이러닝을 화두로 삼아 새로운 도약의 전환점을 확립할 필요성이 더욱 커진다.

 그런 의미에서 이러닝 업그레이드 및 K-이러닝으로 재개념화 재매개화 재구조화시키고자 새로운 계기를 확보하는 차원에서 K-이러닝이란 화두가 절실하다. 기존 관행으로 돌아가 이러닝을 해도 그만 안 해도 그만일 정도로 버려둘 것이 아니라 코로나를 계기로 비대면 수업의 중요성이 각인된 만큼 확실히 이러닝의 정체성을 확보하는 차원에서 K-이러닝으로 그 위상을 재정립하는 것이 무엇보다 중요하다.

 국가독점 교육 체제하에서 이러닝이 사교육의 '이권 카르텔'이란 부정적인 이미지 덮어씌우기에 대한 대책 마련과 아울러 이러닝에 대한 정부 지원이 무의미하다는 인식을 없애기 위해서라도 K-이러닝으로 한 단계 업그레이드시키는 전략이 무엇보다 절실한 시점이다.

 즉, K-이러닝이 공교육 회복에 이바지함과 아울러 사교육비 경감에도 힘을 보탠다면 이러닝의 위상이 한층 더 높아져 미래 학습의 핵심 동력으로 자리매김할 수 있을 것이다. 반면 그렇지 못하면 해도 그만 안 해도 그만인 예전 이러닝으로 다시 쪼그라들 것이고 과도한 온라인 사교육비로 낙인찍혀 이러닝이 국민적 손가락질의 대상으로 공격받을 수 있어 더더욱 신중하게 처신해야 할 것이기에 K-이러닝으로의 위상 정립이 절실하다.

 특히 에듀테크로 공교육 이러닝 활성화를 지원해줘도 모자랄 판에 사교육 잡겠다고 정부서 수능 문제출제 전반 감사 등 무식하게 덤벼들어 오히려 사교육 시장 키우는 꼴로 전개될 것으로 보이기에 참으로 아이러니하다. 변별력 이슈 등으로 학생과 학부모 불안하게 하고 사교육 시장을 오히려 키우는 꼴이 될 것이 불 보듯 뻔하다.

1970년대 압축성장 세대가 자녀교육에 집중하는 열풍으로 비롯된 우리나라 사교육은 인터넷의 발전을 계기로 온라인 수능 강의 시장을 새로 만들어 이를 유료 수익 모델로 정착시켜 틀을 잡은 뒤 2000년대 중후반 시기에 폭발적으로 성장시켜 민간 이러닝 서비스 산업의 핵심으로 자리 잡게 했다.

대입 수능 온라인교육 시장 성공 이후 2010년대에는 초중등까지 확대되고 2020년대에는 코로나로 인한 비대면 시대를 맞아 유아 온라인교육 시장으로 지평을 넓혀 로스쿨 입시 준비와 평생교육까지 아우르는 등 그 야말로 "요람에서 무덤까지" 온라인 기반의 이러닝이 전 세대를 수용하는 단계까지 확대되었다.

반면 사교육 기반의 이러닝은 자기들 잇속만 채운다는 부정적인 이미지가 강해 대의명분이 취약한지라 향후 온라인 수능 사교육비 인하 등 사회적 책임을 다하는 모습과 공익에 보탬이 되는 선행확대 등이 절실히 요구된다.

다. K-이러닝의 정체성

방법론적인 K-이러닝으로 한국형 이러닝이란 의미에서 세계 여느 나라와 달리 우리나라 특유의 이러닝으로 빨리빨리 문화와 결부된 즉시 이러닝 방법론 등을 들 수 있을 것이고 여기에다 내용적인 측면의 한국적인 정체성을 담아내는 K-혼을 덧붙이면 더욱 완성도를 높일 수 있을 것이다.

이에 방법론적인 측면과 내용적인 측면의 두 가지를 간략히 살펴보고 그 융합적 성격을 K-이러닝으로 녹여내는 작업을 이참에 해볼까 한다.

❖ 방법적인 정체성

 방법론적인 K-이러닝은 교수학습전략 차원에서 한국의 특수성을 다룰 수 있겠는데 처음 우리나라에 이러닝이 도입된 역사를 돌이켜보면 쉽게 이해할 수 있다. 90년대 인터넷 붐과 함께 전자칠판으로 밑줄 쫙~하는 강의에서 시작된 데서 알 수 있듯이 앞선 IT 기술을 바탕으로 실험 삼아 인터넷 강의를 시작한 것처럼 비대면 수업으로 현장 강의를 대체하려는 시도가 핵심이다.

 즉, 오프라인 수업의 한계를 뛰어넘어 빨리빨리 온라인 강의로 지역 간 계층 간 학습격차를 해소하려는 데서 이러닝의 방법적 정체성을 찾을 수 있다. 물론 국가독점 교육 체제하에서 정부가 나서 고용노동부의 고용보험 환급으로 인터넷 원격훈련 등을 시행한 것이 미국이 민간중심의 원거리 대면 교육을 이러닝으로 대체한 것과는 성격이 다른 측면이 있기도 하다.

❖ 내용적인 정체성

 내용적인 측면에서는 한국 특유의 대학입시 수능 인터넷 강의에서 볼 수 있듯이 수험 준비 등 절실할 필요성을 기반으로 성적과 성과 중심의 온라인교육 풍토로 수요자 맞춤형 이러닝 지향성을 들 수 있겠다.

 이렇게 필요에 의한 K-이러닝의 내용적 출발을 기점으로 점차 기업교육 등으로 확대되어 다양하게 지평을 넓혀 온바 여기에 담긴 한국적 문화의 정체성을 살펴보면 더욱 의미가 클 듯하다.

 본디 정체성이란 처음부터 존재한 것이 아니라 우연한 계기로 형성된 그 무엇이 성장 발전하는 기세를 바탕으로 오랜 시간 동안 지속할 수 있는 형태와 패턴을 유지하는 것에서 비롯되었기에 K-이러닝도 1990년대 인터넷 활성화 붐 조성을 등에 업고 전자칠판 강의를 통해 한국적 온라인교육의 틀이 만들어진 뒤 정부의 제도적 지원과 학위 수여 등의 보상을 통한 선순환 이러닝 체계 수립과 함께 지금의 모습으로 진화 발전된 모습을 띠게 된 것이다.

대의명분 확보

또한 K-이러닝이 국가적인 차원에서 공교육 회복에 이바지할 수 있는 지원체계 수립과 과도한 사교육비 절감에도 협조하는 등 대의명분을 갖고 사회적 책임을 다하는 모습을 보일 때 국민에게 더욱 사랑받을 수 있을 것이다.

이렇게 진화된 모습으로 수요자들에게 다가감과 아울러 K-팝이나 K-영화 및 드라마처럼 스토리텔링 기반으로 재밌는 교육 이슈를 만들어 갈 때 국민적 호감을 얻을 수 있을 것이기에 K-이러닝이 대의명분을 확보하는 모습을 보여줄 필요성이 크다.

이러닝의 역사가 20년 넘어갈지 언대, 이렇게 K-이러닝으로 새롭게 거듭나는 노력이 국가적인 차원의 교육적 가치 획득과 함께 이뤄진다면 더욱 값어치가 클 것으로 기대된다.

따라서 K-이러닝의 이러한 정체성을 바탕으로 코로나19 해제 이후 오프라인교육의 대체 및 미래 교육의 필요충분조건으로 그 위상을 높여 나가야 할 것이다.

2. K-이러닝 주요 동향

세계적으로도 유일무이한 22개 사이버대학과 특이하게 정부 지원으로 이뤄진 한국형 온라인 공개강좌(K-MOOC) 그리고 고용노동부 고용보험 환급제도에 의한 기업 이러닝 및 공공기관의 20% 이러닝 의무화 등을 통해 발전한 국내 이러닝의 동향을 살펴보면 다음과 같다.

가. K-이러닝 현황

현실적으로 K-이러닝의 구체적인 사례로는 우선 정부 차원의 지원정책으로 운영되고 있는 K-MOOC와 22개 사이버대학을 가장 먼저 들 수 있다.

1) K-MOOC 현황

한국형 온라인 공개강좌(K-MOOC)는 2015년 10월 공식적인 서비스 공개 이후 2023년 8월 기준 수강 신청자 280만 명, 누적 방문자 2,980만 명, 강좌는 1,870개를 돌파하며 한국을 대표하는 온라인교육 과정으로 자리 잡았다.

2023년 한국형 온라인 공개강좌(K-MOOC) 수요 분석 및 활용 현황 조사에 따르면 K-MOOC 수강 인지 경로는 '인터넷 포털 사이트'(42.3%)를 통해 알게 되는 경우가 가장 많으며, '학교 수업을 통해서'(20.3%), '가족, 친구, 자녀 등의 주변 지인을 통해서'(15.5%) 등의 순이다. 50대 이상에서는 '인터넷 포털 사이트'를 통해서 수강하게 되는 한편, 20대 이하에서는 '학교 수업' 및 '주변 지인'을 통해 알게 된 비중이 크다.

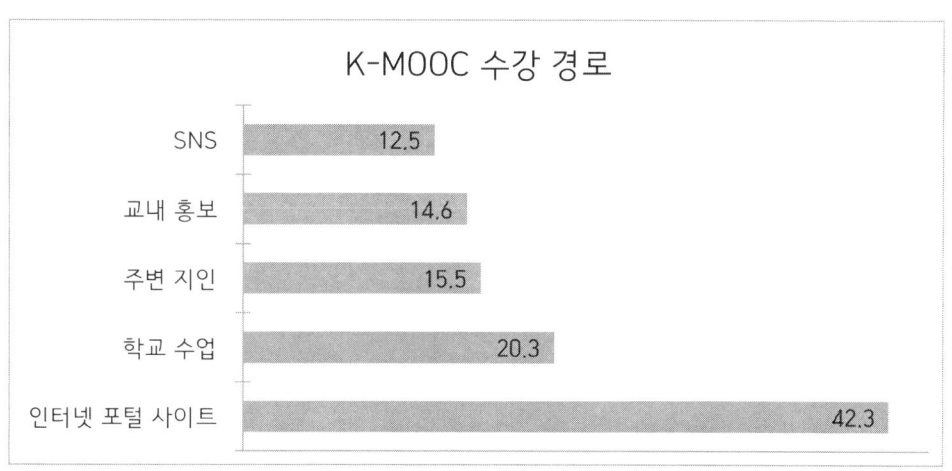

　K-MOOC 수강목적은 주로 '자기 계발'(45.3%)과 '특정 주제에 대한 개인적 흥미, 취미, 관심'(13.7%)을 위해 수강하는 것으로 나타나며, '자기 계발'을 위해 수강하는 비중은 '남성'(81.5%), '은퇴자'(91.8%), '종사자'(83.15)의 비중이 크다.

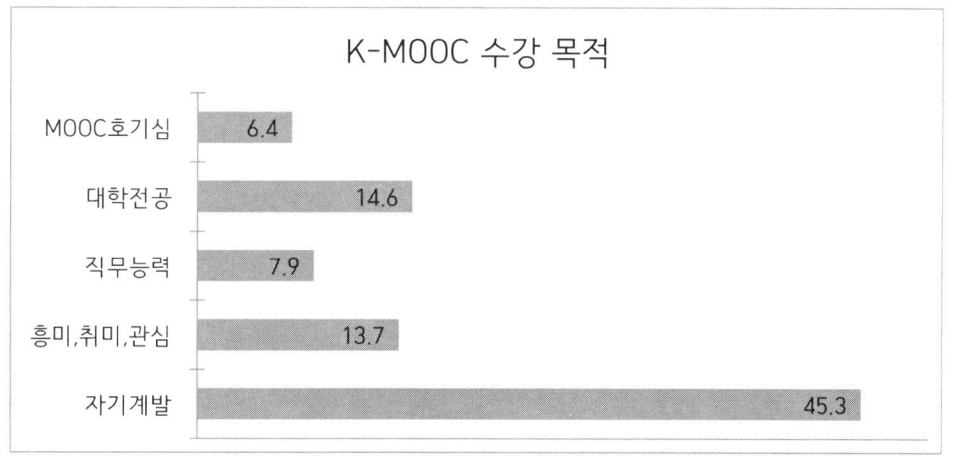

　10대 이하는 '자기 계발'(80.0%), '대학 전공 관련 학습'(48.6%), 60대 이상은 '자기 계발'(95.0%)과 '개인적 흥미, 취미, 관심'(79.9%)이 수강목적이라는 응답이 상대적으로 많다.

K-MOOC 학습자 중 41.8%는 이수증을 받고 이수증을 받지 못한 학습자는 58.2%로 과반수이다. '자기만족'(43.2%), '직장 내 교육 이수 시간 인정'(22.9%) 등을 이수증의 효용으로 생각한다.

K-MOOC 학습자 중 과반인 51.6%가 수강 강좌를 끝까지 이수하지 못한 경험이 있으며 '시간이 없어서'(52.5%)라는 이유의 응답이 가장 많다.

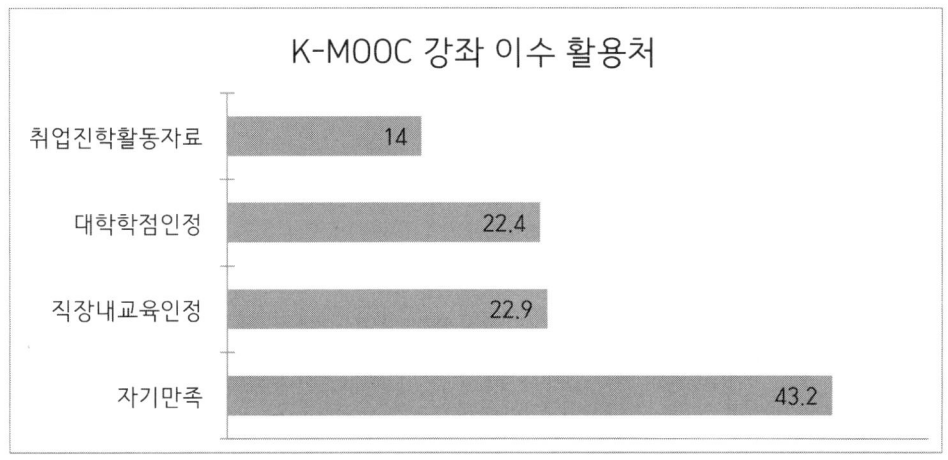

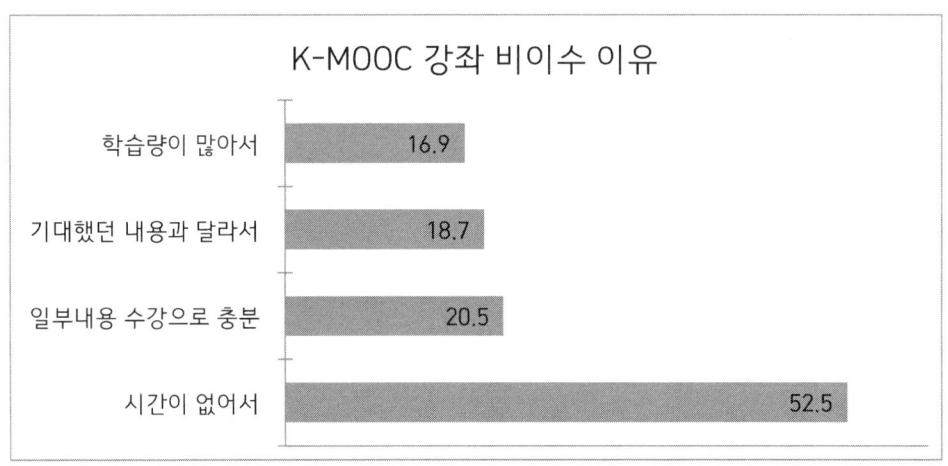

2) 사이버대학 현황

 2001년에 처음 정규 학사학위 과정으로 인정받으며 출발한 국내 사이버대학은 2023년 9월에 오픈한 태재대학을 포함해 총 22개 대학이 운영되고 있다.

 사이버대학의 발자취를 요약하면, 2001년 최초로 사이버대학 9개교가 평생교육기관으로서 개교하였고 그다음 해인 2002년 사이버대학 6개교가 뒤이어 개교한 바 있다. 2007년에 고등교육법 개정이 공포되고 사이버대학 종합평가를 시행하였으며 2008년에는 고등교육기관 전환 인가를 시행하여 이를 기준으로 고등교육기관으로의 이관이 선별적으로 진행되었다. 2010년에는 사이버대학 특수대학원 최초 설치인가를 진행하여 사이버대학원이 설립되었다.

 이러한 사이버대학 규모의 괄목할 만한 양적 성장은 국내뿐 아니라 세계적으로 한국 사이버대학의 인지도와 위상을 높였고 첨단 미래 교육의 대표 주자로서 인정받는 상황이 도래하였다. e러닝과 원격교육은 세계적인 추세이며 거부할 수 없는 흐름이다. 이 가운데서 사이버대학은 묵묵히 원격교육의 핵심에서 그 비결을 축적하고 교육의 내용과 방법적 측면에서 미래 교육의 견인차 구실을 하고 있다.

 특히, 2023년 9월에 새로 오픈한 태재대학은 한국판 미네르바 스쿨로 사이버대학 인가받아 향후 독특한 대학 교육 혁신모델로 주목받고 있다. 일반대학과 달리 태재대학은 미국, 일본, 아시아 등 전 세계를 돌아다니며 온라인으로 수업을 듣는다는 점이다. 서울에서 3학기를 마친 뒤 도쿄, 뉴욕, 홍콩, 모스크바에 각각 1학기씩 체류하며 학업을 수행한 뒤 마지막 학기는 서울에서 마무리하는 과정이며 학생들은 서울이건 해외에서건 전원 기숙사 생활해야 하는 것이 특징이다.

(1) 사이버대학의 규모

대학명	사이버대학교 (최초 개교)
건양사이버대학교	2012
경희사이버대학교	2009(2001)
고려사이버대학교	2009(2001)
국제사이버대학교	2009(2003)
글로벌사이버대학교	2010
대구사이버대학교	2009(2002)
디지털서울문화예술대학교	2010(2002)
부산디지털대학교	2009(2002)
사이버한국외국어대학교	2009(2004)
서울디지털대학교	2010(2001)
서울사이버대학교	2009(2001)
세종사이버대학교	2009(2001)
숭실사이버대학교	2009(2001)
원광디지털대학교	2009(2002)
한국열린사이버대학교	2011(2001)
한양사이버대학교	2009(2002)
화신사이버대학교	2009
태재대학	2023
영진사이버대학	2010(2002)
한국복지사이버대학	2011
영남사이버대학교	2001
세계사이버대학	2001

연도	등록 인원 (명)	나이별 등록생 분포 비율(%)						
		10대	20대 초	20대 후	30대	40대	50대	60대이상
2020	25,568	3.0	18.7	15.5	18.8	23.9	16.7	3.4
2019	25,285	4.7	17.8	15.6	18.9	24.8	15.1	3.1

연도	등록인원(명)	직업별 등록생 분포 비율(%)										
		관리자	전문가 및 관련 종사자	사무 종사자	서비스 종사자	판매 종사자	농림어업 종사자	기능원 및 기능 종사자	장치, 기계 조작 및 조립 종사자	단순 노무 종사자	군인	무직
2020	25,568	5.6	16.6	15.5	15.5	3.2	0.3	2.9	2.9	1.7	3.1	32.7
2019	25,285	5.3	19.6	16.6	12.2	3.9	0.4	2.6	3.0	1.6	2.4	32.3

(2) 사이버대학의 전망

코로나19 여파로 전국 오프라인 대학이 비대면 온라인 수업으로 몸살을 앓았던 가운데 사이버대학 입학생 수가 크게 상승했다. 비대면 수업의 중요성이 커지고 있는 만큼 국내 사이버대학이 100% 온라인 수업 통해 안정적인 원격교육을 잘 해왔기에 사이버공간의 학습자 관리 및 동기부여와 다양한 사례조사로 주목을 받을 것으로 기대된다.

특히 20여 년간의 원격수업 비법을 바탕으로 모든 문제를 온라인에서 해결하는 선진 수업사례로 갑작스러운 사태에 따른 오프라인 대학의 준비 부족을 메꿔줄 대안으로 사이버대학이 부상하고 있기에 우수한 온라인 대학 운영 경험을 공유해서 국내 대학 교육의 전반적인 원격수업 질 관리에 이바지할 수 있기를 기대해본다.

여기에 2023년 9월에 오픈한 태재대학을 합치면 총 22개 사이버대학이 된다. 특히 특히 한국판 미네르바 스쿨인 태재대학의 공식출범으로 국내 사이버대학도 K-이러닝으로 새롭게 거듭나는 좋은 계기를 만들 필요성이 커지고 있다.

사이버대학이 인구절벽으로 위기에 빠진 오프라인 대학의 대안으로서 존재감을 높일 뿐만 아니라 새로운 교수학습법 혁신을 선도하고 또한 한류 붐을 등에 업고 K-학술연구를 비롯해 우리나라 대학의 글로벌 진출을 위한 구심점으로 K-이러닝의 아카이브가 되게끔 100% 온라인 대학교육을 잘 운영해 세계 이러닝 강국의 면모를 굳건히 지켜나가야 할 것이다.

나. 모바일 학습 혁명

30년 전 인터넷의 도입과 활성화로 이러닝이 ICT 기반 학습으로 출발한 뒤 20년 전 정부 차원의 제도적 지원으로 급격한 확산이 이뤄진 뒤 애플의 아이폰 통해 스마트폰 대중화 이후 모바일 학습 혁명이 일어나 모바일 학습이 대세가 되었다.

우리나라 이러닝에서는 우선 초중등 온라인 학습지 시장이 대부분 태블릿 PC 기반으로 대전환이 이뤄져 자연스레 모바일 러닝으로 넘어가기 시작해 이젠 웬만한 건 모바일로 학습하는 문화가 조성되어 가히 혁명적인 변화가 일어났다.

2000년대 초반까지만 해도 처음 와이즈캠프라는 초등 온라인 학습지 회사가 컴퓨터 기반으로 시장을 장악하고 있었으나 2010년 전후해 아이스크림 '홈런', 천재교육 '밀크T'와 같은 태블릿 PC 학습을 시작함에 따라 모바일 러닝으로 급속한 변화가 일어난 이후 유아와 중등 시장까지 확대되어 이젠 대세가 되었다. 대학 및 성인교육에서도 노트북 및 태블릿 PC 기반의 모바일 러닝이 확대되어 언제 어디서든 자유로운 학습이 이뤄져 온라인 평생교육 시대가 성큼 도래했다.

다. 에듀테크로 ChatGPT 등 인공지능 활용 학습

ChatGPT(챗GPT)가 등장한 2022년을 기점으로 인공지능 기반의 공부가 가능해짐에 따라 챗GPT에 질문 중심으로 자기주도학습이 본격적으로 활성화되기 시작해 가히 AI 교육혁명이라고 할 만큼 새로운 패러다임의 학습환경이 창출되고 있다.

기계가 인간을 알아보는 게 '인식형 인공지능'이라면 말귀를 알아듣고 직접 문장을 만드는 게 '생성형 인공지능'인데 바로 지금 챗GPT로 '생성형 인공지능'이 가능해진 시대이기에 엄청난 기술 진화라 할 만하다.

따라서 챗GPT를 기반으로 인공지능 학습 혁명이 시작된 만큼 이렇듯 급격한 변화의 흐름에 뒤처지지 않도록 이러닝 종사자들도 신경을 바짝 곤두세워야 할 것이다.

참고로 이러닝과 관련해 챗GPT가 답변한 글을 소개하면 다음과 같다.

☑ **인공지능과 가상현실의 이러닝 활용 가능성**

인공지능과 가상현실은 이러닝 분야에서 무한한 성장 가능성을 제공한다. 이러닝은 인터넷을 통해 수업 내용을 전달하고 학습자들이 독립적으로 학습하는 방식을 말한다. 그리고 인공지능과 가상현실은 이러닝 경험을 향상하고 개인 맞춤형 학습을 가능하게 한다.

첫째로, 인공지능은 개인 맞춤형 학습 경험을 제공하여 학습자들이 자신의 학습 스타일과 요구 사항에 맞춰 학습할 수 있다. 학습자의 진도, 강점, 약점을 분석하고 그에 맞는 학습 자료와 문제를 제공하여 최적의 학습 경로를 제시할 수 있다. 또한, 인공지능은 학습자의 학습 과정을 모니터링하고 실시간 피드백을 제공하여 개선할 부분을 알려줄 수 있다.

이는 학습 효율성을 높이고 학습자의 동기부여를 강화하는 데 도움이 된다.

둘째로, 가상현실은 현실적인 학습 경험을 제공하여 실제 상황에서의 학습을 모사할 수 있다. 가상현실 환경에서 학습자는 실제 시나리오를 체험하고 상호작용할 수 있으며, 실험, 시뮬레이션, 가상 여행 등 다양한 학습 활동을 수행할 수 있다. 이를 통해 학습자는 안전한 환경에서 실전에 필요한 기술과 역량을 연습하고 습득할 수 있습니다. 또한, 가상현실은 지리적, 역사적, 문화적으로 접근하기 어려운 곳에 대한 체험을 제공하여 학습의 폭과 깊이를 확장할 수 있다.

마지막으로, 인공지능과 가상현실을 결합하여 협력적 학습과 상호작용을 강화할 수 있다. 학습자들은 가상현실 환경에서 협력적으로 작업하거나 가상 캐릭터와 상호작용하면서 문제 해결 및 토론을 진행할 수 있다. 이러한 상호작용은 학습자들의 커뮤니케이션, 리더십, 문제 해결 능력 등을 향상할 수 있다.

☑ 에듀테크를 활용한 이러닝의 발전 가능성

첨단 정보통신 기술을 활용한 이러닝의 미래 전망에 대한 몇 가지 예시이다.

개별 맞춤형 학습: 인공지능 기술은 학습자의 개별적인 수준과 요구에 맞춘 맞춤형 학습 경험을 제공할 수 있다. 학습자의 선호, 학습 스타일, 강점 및 약점에 대한 자료를 수집하여 개인 맞춤형 교육 콘텐츠를 제공하는 것이 가능하다. 이를 통해 학습 효율성과 학습 만족도를 높일 수 있다.

실시간 피드백과 평가: 인공지능은 학습자의 진행 상황을 모니터링하고 실시간으로 피드백을 제공할 수 있다. 학습자가 오답을 선택하면 해당 내용에 대한 보충 설명을 제공하거나 추가 연습을 권장할 수 있다. 또한, 학습자의 진도와 성취를 평가하여 개별 학습 계획을 조정하는 데 도움을 줄 수 있다.

 협업과 상호작용: 가상현실(VR) 기술은 이러닝에서 협업과 상호작용을 증진할 수 있다. 학생들이 가상 공간에서 함께 작업하고 협력하여 문제를 해결하거나 시뮬레이션을 수행할 수 있다. 이러한 환경은 학습자들에게 현실 세계에서 경험하기 어려운 상황을 안전하게 체험하고 실습할 기회를 제공한다.

 개인화된 학습 경로: 인공지능은 학습자의 데이터와 이전 학습 경험을 분석하여 개인화된 학습 경로를 제시할 수 있다. 학습자가 이미 숙달한 내용은 건너뛰고, 어려움을 겪을 수 있는 부분에 초점을 맞추는 등 학습자에게 최적화되는 과정을 제공할 수 있다.

 실제 시뮬레이션과 실험: 가상현실은 학습자들에게 현실 세계에서 비용이나 안전 문제로 경험하기 어려운 시뮬레이션 및 실험 환경을 제공할 수 있다(의료, 공학, 비즈니스 등).

☑ **인공지능을 활용한 학습 동기부여 전략**

 인공지능을 활용한 학습 동기부여 전략은 여러 가지가 있을 수 있지만, 다음과 같은 전략들이 있다.

 맞춤형 학습계획: 인공지능 기술을 활용하여 학습자의 성향, 학습 상황, 학습 성과 등을 분석하여 맞춤형 학습계획을 제공한다. 이를 통해 학습자는 자신의 필요에 맞는 학습 방법을 찾아 집중력을 높일 수 있다.

 개별적인 피드백: 인공지능 기술을 이용하여 학습자 개인에게 맞는 피드백을 제공한다. 학습자가 틀린 문제를 푼 경우, 이전에 틀린 문제와 관

련된 추가 학습 자료를 제공하거나, 비슷한 문제를 추가로 제시하여 학습 효과를 높일 수 있다.

 게임적인 요소 추가: 학습 과정에서 게임적인 요소를 추가하여 학습 동기부여를 높일 수 있다. 예를 들어, 학습 과정에서 순위 제도를 도입하거나, 문제를 해결하면 보상을 제공하는 등의 방식을 활용할 수 있다.

 시각화 기능: 인공지능 기술을 활용하여 학습 과정에서 시각화 기능을 제공한다. 시각화를 통해 학습자는 개념을 이해하기 쉽고, 흥미를 느끼며 학습에 몰입할 수 있다.

 강화학습: 강화학습을 활용하여 학습자의 학습 동기부여를 높일 수 있다. 학습자가 원하는 결과를 얻으면 보상을 제공하고, 원하지 않는 결과를 얻으면 벌점을 부여하여 학습 동기를 높일 수 있다.

 이러한 인공지능을 활용한 학습 동기부여 전략은 학습자의 성격, 학습 환경 등에 따라 다양하게 적용될 수 있다. 따라서, 학습자의 요구 사항을 분석하고 적절한 전략을 선택하는 것이 중요하다.

3. 재개념화, 재매개화, 재구조화

 기존 이러닝을 K-이러닝으로 업그레이드하기 위해 재개념화 재매개화 재구조화시키는 노력이 필요하다.

 기존 학습 동기부여 이론을 살펴보고 이를 K-이러닝의 관점에서 한국적 동기유발 요소를 고려하여 새롭게 '자극과 반응'을 잘 유도하는 법을 중심으로 재개념화시키는 것부터 시도해보고자 한다.

 특히 전통적인 교육공학의 학습 동기부여 이론 중 Keller의 ARCS 모델을 재조명해 보자.

가. 동기의 개념

 동기(Motivation)란 심리학적으로 행동을 일으키는 원인(욕구, 관심, 주의, 결핍, 유인가(誘引價))을 말하며 동기는 그 자체가 교육 목표인 동시에 다른 정의적 교육 목표의 성취를 촉진하는 수단이기도 하다.

 내발적 동기(Intrinsic Motivation)는 욕구, 흥미, 즐거움, 호기심 등 개인적인 요인에 의존하며 외발적 동기(Extrinsic Motivation)는 보상, 사회적 압력, 벌과 같은 환경적 요인에 의존한다.

 인지적 학습 동기의 유발을 위해 좋은 환경을 구성하고 알맞은 도전 정신을 가질 수 있는 자료를 준비한다. 또한 유의미한 학습 목표와 동기를 알맞고 적절하게 사용해야 한다.

여기서 K-이러닝의 차원에서 동기를 살펴보면 우리나라 사람들은 이런 내발적 동기요인도 중요시하지만, 동양적 전통이 몸에 배어 외부의 시선을 많이 의식해 남에게 어떻게 보이는지를 상당히 고려하는 성향이 있기에 학습 동기부여에도 이런 점을 잘 고려하여야 한다.

나. ARCS 모델

Keller(켈러)의 ARCS 모델은 동기에 관한 기존의 각종 이론 및 연구를 종합하여 이를 체계화한 것이다. ARCS 모델은 학습 동기를 유발하고 지속시키기 위하여 학습환경의 동기적 측면을 설계하는 문제 해결 접근법이다.

학습 동기를 자극하고 유지할 수 있는 네 가지의 요소(주의집중, 관련성, 자신감, 만족감)로 이루어져 있으며, 다시 요소별 하위 범주를 셋으로 구분하여 동기 전략을 구성한다.

ARCS	ARCS 범주	주요 질문 사항
주의집중 Attention	학습자 흥미 사로잡기 학습자에 대한 호기심 유발하기	어떻게 하면 이번 학습 경험을 자극적이고 재미있게 할 수 있을까?
관련성 Relevance	학습자의 필요와 목적에 맞추기	이번 학습 경험은 어떤 측면에서 학생들에게 가치가 있을까?
자신감 Confidence	자신의 통제하에 성공할 수 있다고 느끼고 믿도록 도와주기	수업을 통해 학생들이 자신의 성공을 끌어낼 수 있도록 어떻게 도와줄 수 있을까?
만족감 Satisfaction	보상을 통해 성취를 강화해 주기 (내재적 보상, 외재적 보상)	자신들의 경험이 좋았다고 느끼고 앞으로 계속 학습하고 싶게 하려면 무엇을 도와줄까?

1) 주의집중 Attention

- 동기의 요소이면서 학습의 선수 조건이다. 학습이 일어나기 위해서는 적어도 학습자가 내외부 학습 자극에 주의를 기울여야 한다.
- 호기심, 주의 환기, 감각 추구 등의 개념들과 연관되어 있다. 특히 호기심은 학습자의 주의를 유지·유발하는 주요 요인으로 지적되고 있다.
- 어떻게 하면 학습자의 주의를 끌고 그것을 유지하느냐에 관심이 있다.
- 학습의 선수 조건으로서의 주의는 어떻게 하면 학습자의 관심을 학습에 필수적인 자극에 집중시키느냐에 초점을 맞추고 있다.
- 켈러가 주장하는 주의란 단순히 감각적인 것으로 관심을 끄는 것만이 아니라 지적인 호기심을 동시에 유발하여 학습-교수과정 동안 학습에 대한 주의를 계속 유지하는 것으로 해석된다.

2) 관련성 Relevance

- "왜 내가 이것을 공부해야 하는가?"에 대한 해답제시를 요구하고 있다.
- 학습자가 공부하는 중 위의 질문에 대한 해답이 어떤 방식으로든 인식되지 않을 때는 관련성의 문제가 대두된다는 것이다.
- 학습의 과정이 개개인 학습자의 요구나 특성에 맞게 전개되어 학습자가 학습의 관련성을 지각할 때 동기는 유발되고 유지될 것이다.
- 관련성을 높이기 위한 전략에는 친밀성, 목적지향성, 필요 또는 동기와의 부합성 등이 있다.

주의집중의 하위 범주	주요 지원 전술
A1. 지각적 주의 환기 흥미를 끌기 위해 무엇을 할 수 있을까? 유사한 것으로서 새롭고, 놀랍고, 기존의 것과 모순되거나 불확실한 사실 또는 정보를 교수 상황에 사용함으로써 학습자의 주의를 유발-유지한다는 전략이다.	새로운 접근을 사용하거나 개인적, 감각적 내용을 넣어 호기심과 놀라움 만들기 - 시청각 매체의 활용 - 애니메이션, 삽화, 도표, 그래픽 등 - 비일상적인 내용이나 사건 제시 - 학습자의 경험과는 전혀 다른 사실을 제시하거나 괴상한 사실, 믿기 어려운 통계 등을 제시 - 주의 분산의 자극 지양(시청각 효과의 남용 방지)
A2. 탐구적 주의 환기 탐구하는 태도를 어떻게 유발할까? 학습자에게 스스로 문제나 질문 등을 만들어 보도록 함으로써 정보탐색 행동을 자극하도록 하는 전략이다.	질문, 역설, 탐구, 도전적 사고를 양성함으로써 호기심을 증진하기 - 능동적 반응 유도 - 의견 입력 등을 활용한 문제 해결 활동의 구상 장려 - 신비감의 제공
A3. 다양성(변화성) 그들의 주의집중을 어떻게 지속시킬 수 있을까? 교수의 요소를 변화시킴으로써 학습자의 흥미를 유지하기 위한 전략이다.	자료 제시 형식, 구체적인 비유, 흥미 있는 인간적 실례, 예기치 못한 사건들의 변화를 통해 흥미를 지속시키기 - 간결하고 다양한 교수형태의 사용 - 일방적인 교수와 상호작용적 교수의 혼합 - 교수 자료의 변화 추구 - 목표-내용-방법의 기능적 통합

관련성의 하위 범주	주요 지원 전술
R1. 친밀성 수업과 학습자의 경험을 어떻게 연결할까? 친밀성이란 학습자의 경험과 가치에 연관되는 예문이나 구체적 용어, 개념 등을 사용함으로써 얻어질 수 있는 전략이다.	구체적인 실례와 학습자의 학습이나 환경과 관련된 비유를 제공하여 교재와 개념들을 친밀하게 만들기 ▪ 친밀한 인물 혹은 사건의 활용 ▪ 구체적이고 친숙한 그림의 활용 ▪ 친밀한 예문 및 배경지식의 활용
R2. 목적 지향성 학습자의 요구를 어떻게 최적으로 충족시켜 줄 수 있을까? 이 전략은 결과 측면의 관련성을 높일 수 있는 구체적 방법을 제시해주기 위해서 교수의 목표나 실용성을 나타내는 진술이나 예문을 포함할 것을 강조한다. 또한 성취목적을 제시하거나 학습자 스스로 성취목적이나 그 기준을 세우도록 할 수도 있다.	수업의 유용성에 대한 진술문이나 실례를 제공하고, 목적을 제시하거나 학습자들에게 목적을 정의해 보라고 하기 ▪ 실용성에 중점을 둔 목표제시 ▪ 목적지향적 학습 형태의 활용 ▪ 목적의 선택 가능성 부여
R3. 동기와의 부합성(모티브 일치) 수업을 학습자의 학습 양식과 개인적 흥미에 언제 어떻게 연결하게 할까? '목적지향성의 전략'이 결과 측면의 관련성을 강조하지만, 이 전략은 교수의 과정 또는 방법 측면의 관련성을 강조하고 있다. 또한 학습자의 필요나 동기와 부합되는 수업전략을 사용할 것을 강조한다.	개인적인 성공 기회, 협동학습, 지도자적 책임감, 긍정적인 역할 모델 등의 제공을 통해 학습자 동기와 가치에 민감하게 반응하는 수업 만들기 ▪ 다양한 수준의 목적제시 ▪ 학업성취 여부의 기록체제 활용 ▪ 비경쟁적 학습 상황의 선택 가능 ▪ 협동적 상호학습상황 제시

3) 자신감 Confidence

- 학습자에게 학업 수행을 계속하게 하고 학습 수행 그 자체에 영향을 미치기 때문에 동기의 요건으로 중시되고 있다.
- 성공에 대한 기대 정도로 이해될 수 있는데, 이는 여러 가지 요인에 영향을 받는다.
- 동기유발 및 유지를 위해서 학습자는 학습의 재미와 필요를 느껴야 하는데 이에 덧붙여 성공의 기회가 있다는 것을 인식할 수 있어야 한다. 즉, 학습에 대한 자신감을 가져야 한다는 것이다.
- 자신감에는 여러 측면이 있음을 밝히고 그중 중요한 것으로 학습의 필요조건 제시, 성공의 기회 제시, 개인적 통제감을 제시한다.

4) 만족감 Satisfaction

- 만족감은 학습자가 스스로 수행한 것에 대하여 기분 좋게 느끼게끔 도와줄 때 학습 동기가 유발, 유지된다는 것이다.
- 켈러가 주장하는 만족감이란 학습자가 스스로 학습 상황을 조절할 때 느낄 수 있는 학습의 자아 조절의 의미로, 내적 동기유발의 원리가 외적 보상보다 많이 강조되어야 달성될 수 있는 것이다.
- 만족감은 학습의 초기에 학습자의 동기를 유발하는 요소라기보다는 일단 유발된 동기를 계속 유지하는 역할을 하는 것으로 지적되었다.

자신감의 하위 범주	주요 지원 전술
C1. 학습의 필요조건 제시 성공에 대한 긍정적 기대감을 어떻게 키워줄 수 있을까? 학습자에게 수행의 필요조건과 평가 기준을 제시해줌으로써 학습자가 성공의 가능성 유무를 짐작하도록 도와주려는 것이다. 주로 과정 소개, 오리엔테이션에서 사용한다.	수업의 유용성에 대한 진술문이나 실례를 제공하고, 목적을 제시하거나 학습자 동기와 가치에 민감하게 반응하는 수업 만들기 - 수업의 목표와 구조의 제시 - 평가 기준 및 피드백의 제시 - 선수학습 능력의 판단 - 시험의 조건 확인
C2. 성공 기회 제시 자신의 역량에 대한 믿음을 향상할 수 있는 학습 경험을 어떻게 제공할까? 성공의 기회는 학습 과정과 수행의 조건에서 적절한 수준의 도전 정신을 제공하는가와 관계가 있다. 켈러가 말하는 적절한 수준의 도전 정신이란 학생들에게 의미 있는 성공의 경험을 제공하는 것으로 학습자가 재미있어하면서도 너무 위험하다고 즉, 성공의 기회가 전혀 없다고 느끼지 않는 수준의 도전 정신이다.	개인적인 성공 기회, 협동학습, 지도자적 책임감, 긍정적인 역할 모델 등의 제공을 통해 학습자 동기와 가치에 민감하게 반응하는 수업 만들기 - 쉬운 것에서 어려운 것으로 과제제시 - 적정수준의 난이도 유지 - 다양한 수준의 시작점 제공 - 무작위의 다양한 사건 제시 - 다양한 수준의 난이도 제공
C3. 개인적 통제감 학습자가 자신의 성공이 스스로 노력과 능력에 의한 것이라고 어떻게 알릴 수 있을까? 학업에서의 성공이 개인의 노력이나 능력에 기인한다는 피드백과 그 조절의 기회를 제공함으로써 얻어질 수 있는 것이 개인적 조절 능력이다. 또한 여기에는 심리적 요소가 많이 작용하기에 현실적으로 과도한 욕망의 조절 등 제어의 이슈도 함께 감안해야 한다.	개인적인 통제를 제공하는 기법을 사용하고, 개인적 노력 때문에 성공했다는 것에 대해 피드백 제공하기 - 학습의 끝을 조절할 기회 제시 - 학습 속도의 조절 가능 - 원하는 부분에로의 재빠른 회귀 가능 - 선택할 수 있고 다양한 과제와 난이도 제공 - 노력이나 능력에 성공귀착

만족감의 하위 범주	주요 지원 전술
S1. 내재적 강화(자연적 결과의 강조) 학습 경험에 대한 학습자들의 내재적 즐거움을 어떻게 격려하고 지원할까? 학습자의 내적 동기를 유지하려는 것으로 학습자가 새로 습득한 지식이나 기술을 실제 또는 모의 상황에 적용해보도록 하는 기회를 제공하는 것을 말한다.	개인적인 노력과 성취에 대한 긍정적 느낌을 제공할 수 있는 피드백이나 정보를 제공하기 - 연습문제를 통한 적용의 기회 제공 - 후속 학습 상황을 통한 적용의 기회 제공 - 모의 상황을 통한 적용의 기회 제공
S2. 외재적 보상(긍정적 결과의 강조) 학습자의 성공에 대한 보상으로 무엇을 제공할까? 이 전략은 바람직한 행동을 계속 유지하기 위하여 성공적인 학습 결과에 대하여 긍정적 피드백이나 보상을 제공하는 것을 의미한다.	언어적 칭찬, 실제적이거나 추상적인 보상, 인센티브를 사용하거나, 학습자들이 그들의 성공에 대한 보상을 제시하도록 하기 - 적절한 강화 스케줄의 활용 - 의미 있는 강화의 제공 - 정답을 위한 보상강조 - 외적 보상의 사려 깊은 사용 - 선택적 보상체제 활용
S3. 공정성 강조 공정한 처리에 대한 학습자들의 지각을 어떻게 만들어 줄까? 학습자의 학업성취에 대한 기준과 결과가 일관성 있게 유지돼야 한다는 것으로 학습자의 학업 수행에 관한 판단을 공정하게 함과 동시에 성공에 대한 보상이나 기타의 강화가 기대한 대로 주어져야 함을 암시한다.	진술된 기대와 수행 요건을 일치시키고, 모든 학습자의 과제와 성취에 있어서 일관성 있는 측정 기준을 사용하기 - 수업 목표와 내용의 일관성 유지 - 연습과 시험내용의 일치

다. 학습자 재분석 차원의 "인간이란 무엇인가?" 등을 통한 새로운 모색

　인간은 무의식에 지배받고 단일자아가 아닌 다중 자아로 행동하는 것이 최근 과학적으로 밝혀지고 있기에 "인간이란 과연 무엇인가?"에 대한 진지한 성찰이 필요하다.

　깊이 따지고 들어가 보면 세상에 본질은 없고 습관과 행동 궤적에 의해 만들어진 오랜 나이테 같은 단층이 바로 사람의 '정체성'일 수가 있고 또한 이런 개인의 활동이 횡적으로 그리고 종적으로 쌓이고 쌓여 인류의 역사가 만들어진 만큼 인간에 대한 근본적인 질문을 다시 던져 인공지능 시대에 걸맞은 인간상을 다시 정립해 보아야 할 것이다.

　그리고 수요자 중심의 편의성 추구라는 측면에서 이러닝을 재조명해 공급자 주도에서 수요자인 학습자가 전면에 부상하는 시대이기에 이에 대한 대비도 서둘러야 할 것이다.

　영어를 잔뜩 넣어 '워크 플로 기반 플랫폼 이러닝' 등 어려운 용어를 남발하지 말고 이해하기 쉬운 우리말로 수요자인 학습자가 언제 어디서나 편하게 접근할 수 있도록 배려를 많이 해야 할 것이다.

제2부
K-이러닝 교수학습 설계

1. 교수설계의 기본 개념
2. 스토리보드 작성
3. 학습자 중심의 인터페이스 설계
4. 상호작용 설계 방법
5. 내용제시 전략

업그레이드된 K-이러닝 교수설계를 위한 기본적인 개념 및 지침을 살펴보면 다음과 같다.

1. 교수설계의 기본 개념

가. 교수설계 이론

교수설계란?

교수학습과 관련된 요구와 문제를 밝혀내고 이를 토대로 목표를 명확히 설정하여 수업내용, 방법, 평가 등에 이르는 교수체제의 전 과정을 체계적이고 합리적으로 구성, 조정해가는 일련의 전략적 과정을 말한다.

교수설계의 목적

교육과정이나 코스에서 추구하는 목표를 달성하기 위해 계획, 실행, 평가의 단계에 필요한 모든 수단을 제공하는 데 목적이 있다.

즉, 교수설계는 특정한 학습 내용과 특정한 학습자가 있을 때, 학습자의 변화를 일으킬 수 있는 최적의 교수학습 방법이 무엇인가를 결정해 이를 실천하는 데 필요하다.

나. ADDIE 모형에 따른 K-이러닝 교수학습체제

교육 콘텐츠로 개발하는 과정이 정해지면 설계에 앞서서 교수체제 개발 모형의 순서에 따라 과정의 내용을 선정한다. 기존의 집합교육에서 활용했던 교수체제모형을 바탕으로 짧은 내용 중심으로 개발되는 과정에 적합한 교수-학습체제 모형을 위해 다음의 ADDIE 모형을 참고할 만하다.

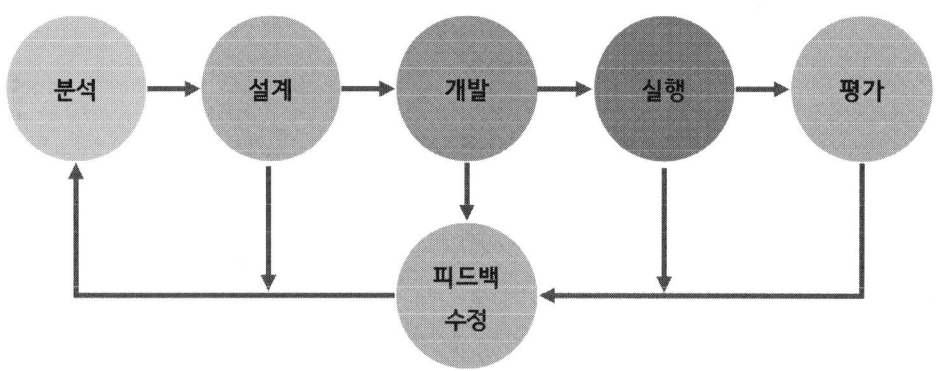

1) 분석-학습 내용(What)을 정의하는 단계

- 요구분석(교육의 필요성에 대한 분석)
- 학습자분석(학습 준비도, 주의집중 가능 시간 등의 인지적 특성, 학습양식)
- 환경 분석(물리적 환경)
- 학습 내용 분석(직무 및 과제 분석)

2) 설계-교수 방법(How)을 구체화하는 단계

- 학습 목표 진술
- 학습 내용 선정

- 학습 내용의 계열화
- 교수-학습 방법 선정
- 교수 매체 선정
- 평가 도구 설계
- 수업 시간 결정

3) 개발-교수 자료를 만드는 단계

- 교수-학습자료 개발
- 설계의 적합성 및 자료의 효과에 대한 형성평가 시행

4) 실행-프로그램을 실제 상황에 설치, 운영하는 단계

- 사용 및 설치
- 유지와 관리

5) 평가-프로그램의 적절성을 결정하는 단계

- 총괄평가(교육 훈련성과 평가)

다. 학습 내용 분석

✒ 학습 내용 분석

 수업할 내용에 관한 정보를 얻기 위해 가르쳐야 할 모든 종류의 지식이나 기능을 분석하는 과정을 말한다. 여기에 한국적 문화 특성을 고려한

환경적 요인도 같이 분석하는 것이 K-이러닝의 차별적 요소이기에 역사성과 사회성 또한 두루 고려하여야 한다.

❖ 필요성

학습 내용 분석을 통하여 학습자가 최종 목적에 도달하는 데 정말 필요한 기능들을 규명하여 불필요한 기능들을 배제할 수 있다. 많은 과정을 설계하다 보면 설계자가 모든 분야에서 교과 전문가가 될 수는 없으므로 이런 유형의 분석 과정을 이용하여 효과적이고 효율적인 설계를 하는 데 필수적인 기능들을 밝힐 필요가 있다.

❖ 구성

학습 내용 분석은 크게 '학습 목표의 분석'과 그 목적을 구성하는 '하위기능 분석'으로 이루어진다.

- **학습 목표의 분석**

  진술된 수업목표가 어떤 학습 성과 영역에 해당하는지를 규명하고 그 목적 달성에 필요한 학습 과정을 정보처리 단계로 분석한다.

- **하위기능 분석**

  단계별로 그 단계의 학습에 요구되는 하위기능과 지식을 분석하는 것이다. 학습 분석이 적절하게 이루어지지 않으면 교습자로서는 학습자들에게 무엇을 가르쳐야 할지를 파악하기 어렵게 된다.

라. 학습의 과정

1) 정보처리 모형

정보처리 이론에서는 인간의 학습을 학습자 외부로부터의 정보(자극)를 획득하여 저장하는 과정으로 가정한다.

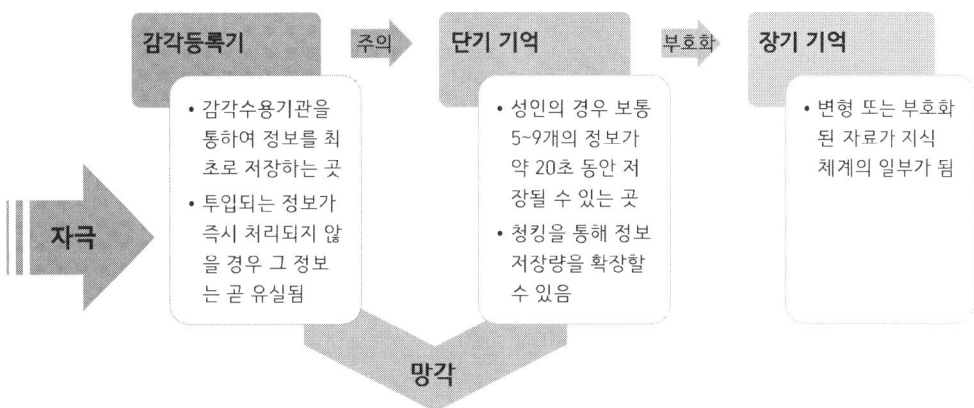

2) 가네(Gagne)의 정보처리 이론에서 학습의 과정

(1) 주의

학습을 시작하기 위해서는 자극이 수용되어야 하고 이러한 수용이 발생하기 위해서는 학습자가 자극에 주의를 기울여야 한다. 만약 학습자가 수업에 주의를 기울이지 않는다면 그것은 수용되지 않고 따라서 학습이 일어날 수 없다.
 (예: 교수가 설명하는 동안 다른 사람과 이야기하는 학생은 수업에 참여하지 않는 것이고, 따라서 그 수업내용을 받아들이지 않게 된다. 교수자는 목소리를 변화시키거나 손을 흔들거나 주의를 요구하는 지시를 함으로써 학습자의 주의를 유도할 수 있다.)

(2) 동기화

 학습 과정 초기 단계에서의 동기화가 이루어져야 한다. 동기는 학습자들이 어떠한 목표를 달성하도록 노력하게 하고 그로 인해 학습 목표를 성취하게 되는 것이다.

 대부분 사람은 경쟁적인 상황에서 성취를 얻고자 노력하거나 성취하거나 하는 욕구를 가진다. 만약 그들이 학습 과정에 몰두해야 한다면 그러한 욕구는 반드시 활성화되어야 한다.

 가네에 의하면 특정한 목표를 달성하도록 자극하는 동기를 부여하기 위해서는 학습자들이 학습이나 수업에 참여한 결과로 무엇을 얻게 되는지에 대해 기대를 하게 해야 한다.
(예: 교수자는 학생들에게 학습이 끝나면 무엇을 할 수 있게 되는지를 알려줌으로써 기대감을 형성할 수 있다.)

(3) 선택적 지각

 학습자들이 학습하기 위해서는 단순히 제시된 정보의 표현이 아니라 새로운 정보의 유형에 주의를 기울여야 한다. 이러한 주의력은 목표나 기대에 근거하여 선택적으로 일어난다. 더욱이 자극적 상황의 특징에 대한 선택적 지각은 학습자가 다양한 특징들을 구별할 수 있는 능력을 요구한다. 학습자들은 선택적 지각을 위해서 주요한 요점과 덜 중요한 요점을 구별할 수 있어야 한다.

 학습자들이 일단 핵심적인 특징을 선택적으로 지각하면 지각된 정보를 단기 기억 장소에 저장해야 한다. 정보가 저장되기 위해서는 그것은 가장 저장이 쉽고 이후에 인식이 쉬운 형태로 변형되어야 하는데, 문제점은 단기 저장 장소는 제한된 용량을 가지고 있다는 것이다. 그것은 두 가지 점에서 제한되어 있다.

첫째는 그곳에 저장될 수 있는 시간의 양(약 20초 정도만 저장 가능)이고, 둘째는 동시에 저장될 수 있는 문항의 수(7±2)이다. 시간의 제한을 극복하기 위해서는 학습자는 저장된 자료를 반복해서 되새겨야 한다.

이를 흔히 시연(rehearsal)이라 부른다. 저장 문항 수의 제한을 극복하기 위해서는 학습자는 문항을 집단이나 단위로 묶어서 기억해야 한다. 이를 청킹(chuncking, 단위 정보) 또는 정보 분할이라고 말한다.

(4) 의미적 부호화

새로운 정보가 장기 기억에 저장되기 위해서는 다시 변형의 과정을 거쳐야 한다. 새로운 정보를 더 잘 기억하기 위해서 유의미하게 조직하는 과정을 '의미적 부호'(semantic encoding)라 한다.

의미적 부호화를 하는 방법은 매우 다양하다. 단어를 문장으로 연결해서 암기하거나 단어와 함께 그림을 제공하는 것 등이 의미적 부호화의 방법의 하나다.

(5) 장기 기억에 저장

의미에 따라 부호화된 새로운 정보는 이제 장기 기억 장소로 들어간다. 그것은 한동안 기억되었다가 퇴색되거나, 그다음에 들어온 정보에 의해 간섭받게 된다. 장기 기억 장소에 정보가 오래 유지되도록 돕기 위해서는 복습이나 연습이 필요하다.

(6) 탐색과 회상

 어떤 사람이 장기 기억 장소에 저장된 정보를 사용할 필요가 있을 때는 저장된 모든 정보 속에서 그 정보를 찾아야 하고, 일단 찾으면 그것을 회상해야 한다. 기억을 회상하는 것을 돕기 위해서 단서가 제공될 수 있다.

(7) 수행

 가네는 학습이 일어났는지를 확인하고 피드백을 제공하기 위한 단계로 '수행'을 제안했다. 수행은 실제로 학습 결과를 반영한다. 학습이 발생했는지를 확인하기 위해서 교사는 하나 이상의 수행을 요구하는 것이 일반적이다.

 학습자들이 다양한 맥락에서 학습한 것을 적용할 수 있게 하도록, 종종 수행 상황은 학습 상황과 똑같지 않게 하는 것이 중요하다. 다양한 상황에서 수행할 수 있는 능력을 '전이'라고 하며, 이는 중요한 학습 목표 중의 하나이다.

(8) 피드백

 학습자들이 그들의 수행이 주어진 상황의 요구 조건이나 목표를 만족시켰는지를 알 수 있는 것은 매우 중요하다. 그럼으로써 그들은 첫 단계에 형성한 기대를 확인할 수 있다. 피드백은 주어진 수행의 적절성 또는 부적절성에 대한 정보를 제공한다. 또한 그것은 스키너가 말한 것처럼 '강화'를 나타내기도 한다.

마. 교수(수업)사태

교수사태(Event of Instruction)란 수업 장면에서 교수가 학습의 상황을 통제하는 일련의 활동을 말하는 것으로 학습이 일어나는 시기에 학습자 주의의 자극 장면을 공간적 차원에서 적절히 배열한다는 것이다.

가네는 교수사태를 아홉 단계로 나누면서 이러한 아홉 가지 사태, 즉 이벤트(event)가 학습의 내적 과정을 돕기 위해 외적인 도움을 주는 하나의 가능한 방법임을 주장하였다. 또, 이들 각 사태의 구체적 특성은 학습이 의도하는 능력에 따라 달라져야 한다고 말한다.

이러한 교수학습의 아홉 가지 사태들은 하나의 학습 능력을 가르치기 위하여 교수학습을 계열화하는 기본적인 원리로 해석할 수 있다.

학습의 과정	교수(수업) 사태
▪ 주의	▪ 주의 획득하기
▪ 동기화	▪ 학습자에게 수업 목표 알리기
▪ 선택적 지각	▪ 선수학습 회상 자극하기 ▪ 자극 제시하기
▪ 의미적 부호화 ▪ 장기 기억 저장	▪ 학습 안내 제시하기
▪ 탐색과 회상 ▪ 수행	▪ 수행 유도하기
▪ 피드백	▪ 피드백 제공하기 ▪ 수행평가하기 ▪ 파지와 전이 높이기

1) 주의력을 획득하기

가네에 의하면 수업을 시작할 때 우선으로 이루어져야 하는 일은 바로 학습자들에게 주의력을 획득하는 것이다. 주의력의 획득 방법은 다양한 사태를 사용할 수 있다.

가장 흔히 사용되는 방법의 하나는 "이것은 중요하다.", "여기에 특히 주의를 기울이길 바란다.", "이것은 항상 알고 있어야 하는 원리야"와 같이 말로 주의력을 환기하는 것이다. 또한 소리나 빛과 같은 강한 자극을 사용하거나 시청각적 자극과 같은 주의력 획득 도구를 사용할 수도 있다. 주의력의 획득은 단순히 자극의 변화를 넘어서 학습자의 흥미를 유발함으로써 이루어질 수도 있다.

예를 들면, 잎에 관련된 수업을 시작할 때 교사는 "나무에서 잎이 왜 떨어지는 걸까?"와 같은 질문을 함으로써 학습자의 흥미를 유발할 수도 있다. 다른 예로, 퍼센트와 관련된 수업의 경우 "야구 선수들의 타율을 어떻게 계산하는 걸까?"라고 질문을 할 수도 있다.

2) 학습자에게 수업 목표 알리기

이 단계는 학습이 끝났을 때의 조건이 무엇인지에 대해 기대감을 주는 것이다.

학생들에게 "이 단원이 끝나면 여러분은 다음과 같은 것을 할 수 있을 것입니다."와 같이 수업의 목표를 말해주는 것은 그러한 기대감을 형성하는 데 도움을 준다. 목표가 무엇이든 간에 그것을 미리 알려주었을 때 학생들은 더 학습을 잘하는 경향이 있다.

또한 그 후에 일어나는 학습이나 목표와 어떤 관련성이 있는지를 명확히 알려주면 학생들은 그 목표를 달성하기 위해 더욱 노력하도록 동기화될 수 있다.

마지막으로 학생들은 그들에게 기대되는 최종적인 행동이 어떤 것인지를 알지 못하면 그들이 언제 학습과제를 완료하게 되는지, 어떤 만족감을 경험할 수 있는지를 알 수 없다. 학생들에게 기대되는 최종적인 행동이 무엇인지를 알려주는 것이 바로 목표이다.

3) 선수학습의 회상 자극하기

세 번째 단계는 학습자가 새로운 정보를 학습하는 데 필요한 기능에 숙달하는 것이다. 새로운 학습은 선수학습에 기초한다. 그러므로 새로운 학습의 성공은 필요한 선수학습이 이미 완료되어 있는지에 달려있다.

이러한 수업의 사태를 달성하기 위해, 교사는 먼저 새로운 학습과 관련된 선수학습이 무엇인지를 결정해야 하고, 그다음 그것을 지적해 주거나 다시 회상시켜야 한다. 만약 학습자들이 선수학습이 제대로 되어 있지 않으면 새로운 학습을 시작하기 전에 이전의 내용을 다시 가르쳐야 한다.

4) 자극 제시하기

이 단계는 학습자에게 학습할 내용을 제시하는 것이다. 학습은 새로운 정보의 제시를 요구한다. 새로운 정보의 제시는 학생들에게 새로운 자극의 독특한 특징이 무엇인지를 지적해 줄 수도 있고, 하나의 정의나 규칙의 형태를 띨 수도 있으며, 무엇을 하는 방법에 대한 지식일 수도 있다.

어떤 사태이든 그것은 새로운 자극이며, 교사의 과제는 그것의 독특한 특징을 제시해 줌으로써 학습자들이 기억하기 쉽도록 도와주는 것이다.

예를 들면, 개념이나 규칙을 제시할 때는 다양한 예들을 사용해야 하며 그 개념 또는 규칙이 적용되는 상황을 구별할 수 있도록 도와주어야 한다.

5) 학습 안내 제시하기

이 단계는 학습할 과제의 모든 요소를 통합시키는데 필요한 방법을 제시하는 것이다. 이전 정보와 새로운 정보를 적절히 통합시키고, 그 결과를 장기 기억에 저장할 수 있도록 학생들은 도움이나 지도받아야 한다.

이러한 도움은 통합된 정보가 유의미하게 부호화되는 데 초점을 두어야 한다. 가네는 이것을 '통합 교수'(Integrating Instructions)라고 지칭했는데, 이것은 학습자들이 과제를 적절히 수행할 수 있도록 모든 관련된 정보를 사용할 수 있는 규칙이나 모델을 제공하는 것이다. 예, 시연, 도표, 순차적 교수 등은 모두 학습자들이 모든 정보를 목표를 수행하는 데 적합하도록 통합하고, 저장하고, 회상하는 것을 돕는 기능을 한다.

6) 수행 유도하기

이것은 통합된 학습의 요소들이 실제로 학습자에 의해 실행되는 단계이다. 이전의 단계들은 학습자가 학습하고, 새로운 정보나 기능이 장기 기억에 저장되는 것을 확신시켜 주는 데 비해, 이 단계에서는 학습자가 실제로 새로운 학습을 했는지를 증명하는 기회를 제공한다.

수행은 학습자들이 연습 문제를 작성하거나, 숙제하거나, 수업 시간의 질문에 대답하거나, 실험을 완료하거나, 그들이 배운 것을 실습할 기회를 제공함으로써 유발될 수 있다.

7) 피드백 제공하기

이 단계에서는 수행이 얼마나 성공적이었고 정확했는지에 관한 결과를 알려준다. 수행 이후에는 피드백이 제공되어야 한다. 성공적인 수행에는 긍정적인 피드백이 제공되며, 그것은 과제의 수행에 대한 강화의 기능을 한다.

피드백을 통해서 학생들은 그들의 최초의 목표를 달성할 수 있는지를 알게 되고, 수행의 개선이 필요한 학생들은 얼마나 더 많은 연습이 필요한지를 알게 된다.

8) 수행 평가하기

이 단계에서는 다음 단계의 학습이 가능한지를 결정하기 위한 평가를 시행한다. 앞 단계에서 수행에 대한 연습과 강화가 주어졌으므로 이제는 수행에 대해 평가할 시기이다.

이번에는 학습자들이 다음의 새로운 학습을 위한 준비가 되었는지를 결정하기 전에 학습자들에게 학습한 것을 시연하도록 한다. 특히 시험 상황은 단순한 암기가 아니라 이해가 이루어졌는지를 점검하는 데 필요한 과정이다.

9) 파지와 학습의 전이 증진하기

 마지막 단계에서는 새로운 학습이 다른 상황으로 일반화되거나 적용할 수 있는 경험을 제공해야 한다. 그러므로 마지막 단계의 특징은 반복과 적용이다.

 자료를 다시 점검하는 것은 기억을 확실히 하는 데 도움을 준다. 다양한 상황과 문맥에 적용하는 것은 전이를 도와주는 것으로 처음에 학습된 특정 상황을 넘어 활용될 수 있도록 해야 한다.

 예를 들면 분수와 혼합된 수의 덧셈은 추상적으로 학습하였지만 이러한 지식을 개집을 짓기 위해서 나무의 길이를 측정하는 것과 같은 실제 상황에 적용하도록 하는 것은 유용할 것이다. 그러한 전이를 촉진하기 위해서 교사는 학생들에게 그들이 새롭게 배운 기능을 언제, 어떻게 적용할 수 있는지를 가르쳐야 한다.

2. 스토리보드 작성

 이러닝 콘텐츠 설계 단계에서 영화나 드라마의 시나리오 작성하듯이 스토리보드를 먼저 만드는 것이 기본이다.

가. 스토리보드 작성의 중요성

❖ 스토리보드 작성이란?

 콘텐츠 개발이 완성된 후의 모습을 화면별로 미리 문서로 그려보는 것을 말한다. 스토리보드 작성을 통해 학습 내용과 전개 방법이 화면에 효과적으로 구현될 수 있을지, 화면 간의 흐름이 매끄러운지, 상호작용은 어떻게 구성할 것인지 등 학습의 효과와 관련한 사항들을 구체적으로 작성하고 검토하게 된다.

❖ 스토리보드 작성은 왜 필요한가?

 스토리보드 작성은 콘텐츠 개발에 필요한 사항과 내용을 최대한으로 고려하여 설계하기 위한 목적뿐만 아니라 다음과 같은 이점이 있으므로 꼭 거쳐야 할 절차이다.

- 학습의 흐름을 고려하여 내용을 체계적으로 설계할 수 있다.
- 개발 시간을 최대한 단축할 수 있다.
- 개발 시 발생하는 시행착오를 줄일 수 있다.
- 개발 후 오류 사항을 검토할 때 지침서가 될 수 있다.

나. 스토리보드 작성 절차 및 내용

전체적 스토리보드 작성	화면 단위로 텍스트 분할 → 공통화면 설계
화면 단위 스토리보드 상세화	그래픽 자료 개발 및 제시 방법 결정 → 음향 사용 방법 결정
검토 및 수정	설계자 · 전문가 · 학습자의 검토 및 수정

교수설계 요소	스토리보드 주요 내용	작성 시 고려사항	학습의 과정
주의력 획득	과정 소개 및 시나리오	문제 상황을 제공하여 학습자의 학습 동기유발	학습 초반
학습 목표 제시	학습 목표	학습 성과를 측정할 수 있는 동사를 사용하여 기술함	
선수지식 및 사전지식의 회상 자극하기	선수지식 확인	지난 학습에 대한 간단한 이벤트나 질문으로 본 회차와 연계성을 둠	
	사전지식 점검표	수준별 피드백 문항을 작성함	
자극자료 제시 학습 안내 제시 수행 유발	• 본시 학습 내용 ▪ 그림 또는 그래프 설명, 동영상 제공 ▪ 용어사전 ▪ 심화학습 및 참고자료 ▪ 돌발퀴즈 (형성평가 및 주위 환기) ▪ 기타 보충 자료 • 시뮬레이션 제공	인용한 자료에 대한 출처 기재, 그래픽 초안 작성	학습 중반
피드백 제공	학습정리	학습 목표를 기준으로 회차별 키워드 및 설명 작성	학습 중반
수행평가	학습평가	회차별 평가, 과제, 중간/기말고사 문제 작성하고 그에 따른 풀이/피드백 첨부	학습 마무리
파지와 전이의 향상	학습 마무리	관련 사이트 소개, 시나리오의 문제 상황 해결, 다음 학습을 위한 내용 예고	

다. 스토리보드 작성을 위한 기본 방법

1) 텍스트 분할

이 단계에서는 스토리보드의 분량을 파악하고 한 화면에 들어가는 구성요소를 파악한다.

한 화면에서 작성한 텍스트들을 컴퓨터 화면의 특성을 고려하여 나눈다. 대부분 학습자가 사용하는 컴퓨터의 해상도를 고려해야 한다. 또한, 한 화면에 되도록 중요한 내용이 제시되도록 하며 화면에 들어갈 텍스트의 양이 많을 경우, 쓰일 수 있는 화면전환의 기법에 대해 생각해 봐야 한다. 아울러 화면의 앞·뒤 내용이 자연스럽게 연결되도록 흐름에 신경을 쓰는 것도 중요하다.

2) 공통화면 설계

실제 스토리보드 화면을 작성하기 전에 다시 한번 학습흐름도(Flow)를 살펴보면서 회차 별로 필요한 공통화면을 설계해야 한다.

공통화면을 미리 설계하는 이유는 반복되는 화면의 작성 작업을 줄여 스토리보드 작성 시간을 단축할 수 있으며, 화면의 일관성을 유지할 수 있어 학습자가 효과적으로 학습할 수 있도록 하는 데 있다.

- 작성하려는 스토리보드의 화면을 나열한다. 예) 회차 제목, 내용 소개, 학습 목표, 학습 내용, 학습평가, 시뮬레이션 실습 등
- 공통화면으로 정한 화면의 구성요소를 파악한다.
- 화면의 종류별로 어디에 제시할 것인지 결정한다.
- 레이아웃을 설계한다.

3) 화면 작성

공통화면 설계가 끝나면 스토리보드에 각 화면을 작성한다.

- 화면 별로 분류하여 작성한다.
- 텍스트 내용부터 작성하고 그래픽으로 표시되어야 할 부분은 별도로 기록한다.
- 화면 작성에 대한 설명을 제시할 때, 전개 방법에 대해 자세하게 기록한다.

4) 그래픽 자료 개발

그래픽 자료란 텍스트가 아닌 모든 자료를 일컫는다. 예를 들면, 학습 내용과 관련된 그림이나 도표, 애니메이션, 지도, 그래프 등이 해당한다. 콘텐츠에서는 이런 그래픽 자료들이 학습자의 학습 내용에 대한 이해를 돕는 데 지대한 역할을 감당한다.

- 애니메이션이 이루어지는 화면에 대한 설명을 구체적으로 명확히 한다.
- 그림과 텍스트가 동시에 제시되는 화면에서는 어떤 움직임이 필요한지에 따라 공간을 할당하고 이에 대한 설명을 추가한다.
- 학습 내용에 따라 설명과 함께 변하는 그래픽에 대해서는 단계마다 필요한 모든 그래픽 자료를 넣도록 한다. 예) 시뮬레이션 실습 과정 등

5) 음향 사용 결정

 음향의 제공이 모든 학습자에게 효과가 있는 것은 아니므로 학습자의 선택으로 이루어지도록 설계하는 것이 중요하다.

6) 색 결정

 색의 사용은 학습자의 주의를 끌고 흥미를 증가시키기 쉬운 방법의 하나다. 스토리보드 상에서 색을 정하기는 어렵지만, 학습자의 시각에 너무 자극을 주는 색은 피해야 한다.

7) 검토 및 수정

 스토리보드 작성 단계에서는 특히 다른 단계보다 더 철저하게 검토와 수정을 거쳐야 한다. 잘못된 스토리보드는 개발 후 잘못된 콘텐츠로 이어지기 때문이다.

- 설계자가 학습흐름도와 스토리보드를 비교하여 마지막으로 검토한다.
- 내용 전문가, 개발자 등 전문가의 검토를 거친다.
- 콘텐츠로 학습하게 될 대상 학습자의 검토를 받는다.
- 모든 검토사항을 정리하고 분석하여 수정하고 보완한다.

라. 작성 시 유의 사항

1) 학습 내용 작성

화면을 작성하기 전 학습 내용이 담긴 초고를 미리 작성하여 검토해야 한다. 학습 내용은 체제적으로 내용을 분석하여 이에 따라 결정된 학습 흐름도에 따라 작성한다.

- 장황하고 반복적인 설명보다는 중요한 점을 간결하게 설명한다.
- 한 문장에 중요한 개념을 하나 정도만 포함하도록 한다.
- 직접적인 설명도 중요하지만, 유추나 은유 등의 표현 방법으로 끊임없는 질의와 응답을 통해 학습자의 참여를 유도한다.
- 위계적인 내용의 조직 체계를 처음에 제시해 준다.
- 맞춤법, 철자를 정확하게 하고 표, 설명, 내레이션 등의 구조에 따라 문장의 진술 방법을 통일한다.
- 학습자 수준에 맞는 어휘를 선택하며, 어려운 용어나 새로운 전문 용어에 관해서는 설명을 넣는다.
- 그래픽 자료에 대한 설명을 기재하고 인용한 부분은 저작권에 어긋나지 않도록 사전 조처한다.

2) 질문

학습자가 제대로 학습 내용을 이해하고 학습 목표를 성취하고 있는지를 확인하기 위한 요소가 학습 과정 중에 반드시 포함되어야 한다. 학습의 시작, 중반, 마무리에 이르기까지 이런 질문의 요소들이 어떤 형태로든 녹아 있어야 한다.

3) 피드백

학습자에게 질의 형태로 제시했을 때는 그에 해당하는 피드백을 제공해야 한다. 이 피드백의 형태는 학습자들의 동기유발을 지속시켜 주는 요소와 적절하게 혼합하여 다양한 방법으로 제공하는 것도 좋다. 피드백할 때 상투적이고 부정적인 용어는 피하고 긍정적이고 학습에 도움을 줄 수 있는 용어를 사용한다.

예를 들어 단순히 '틀렸습니다. 한 번 더 풀어보세요.' 이런 용어보다는 '안타깝군요. 문제를 배운 내용을 참고해서 다시 한번 도전해 보세요.' 이렇게 풀어가는 것이 학습자에게 더 부드럽게 느껴질 수 있다.

마. 스토리보드의 예시

수업 전문성 향상 과정 - 초등총론

- 일차 : 15일차
- 일차명 : 학습 및 수업의 개별화
- 설계자 : 김영희
- SME : 홍길동

Revision History

날짜	버전	변경/추가 내역	진행 상황
01.24	1.0	모범 답안 요청	

[표지]

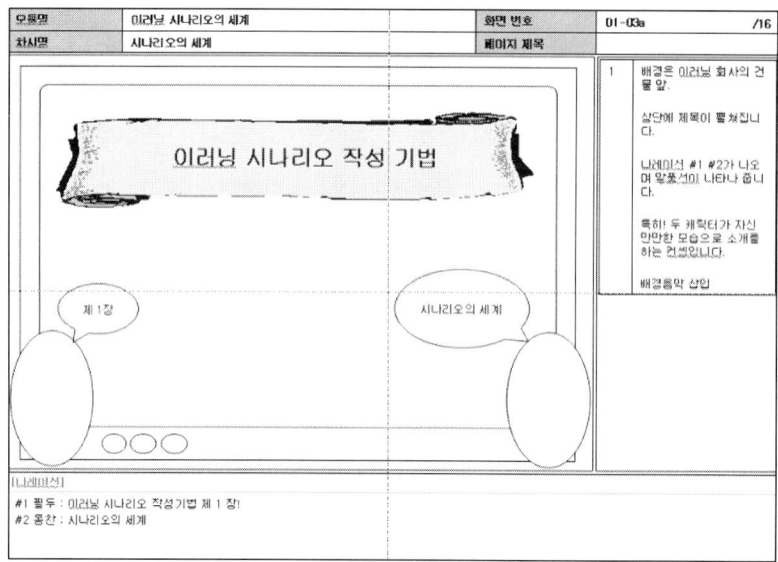

[인트로 부분]

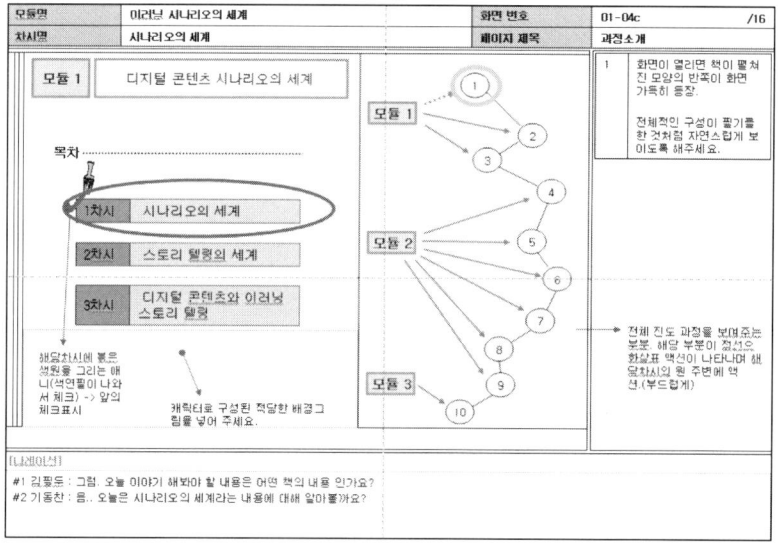

[과정 소개 부분]

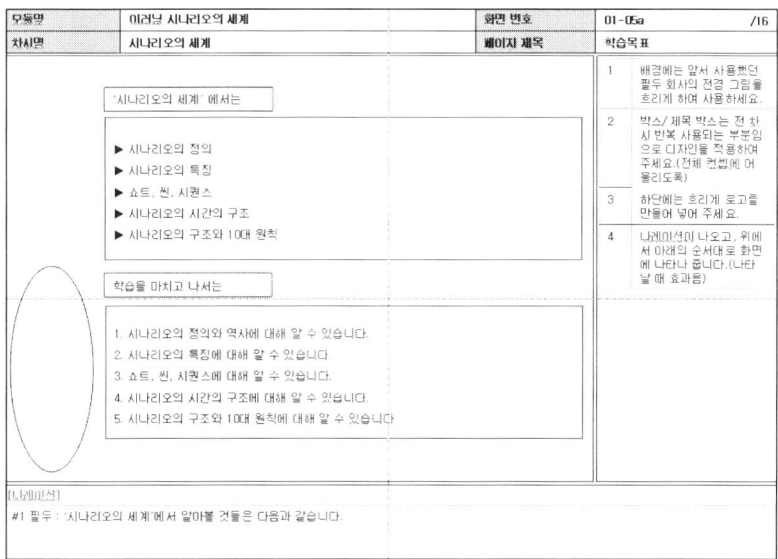

[학습목차 및 학습 목표 소개 부분]

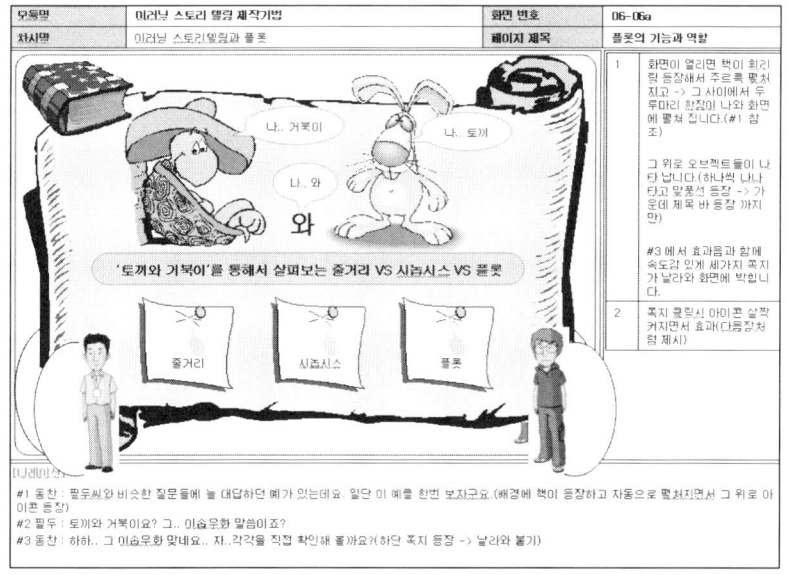

[학습 내용 부분]

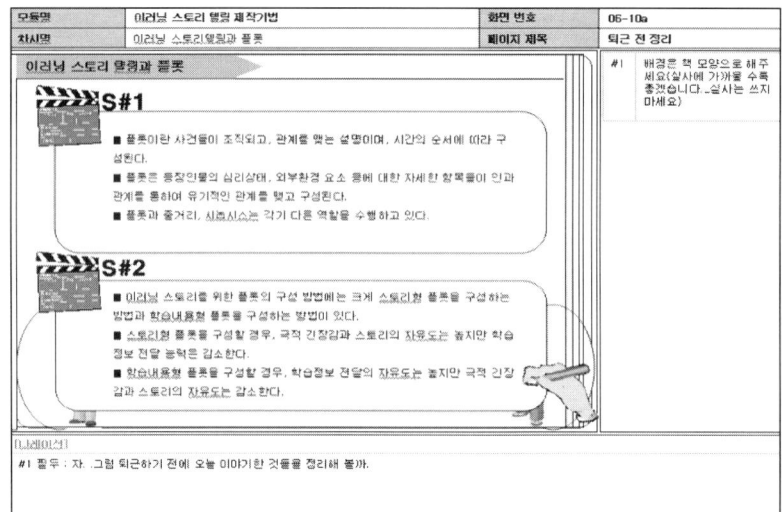

[스토리보드 예 - 학습정리 부분]

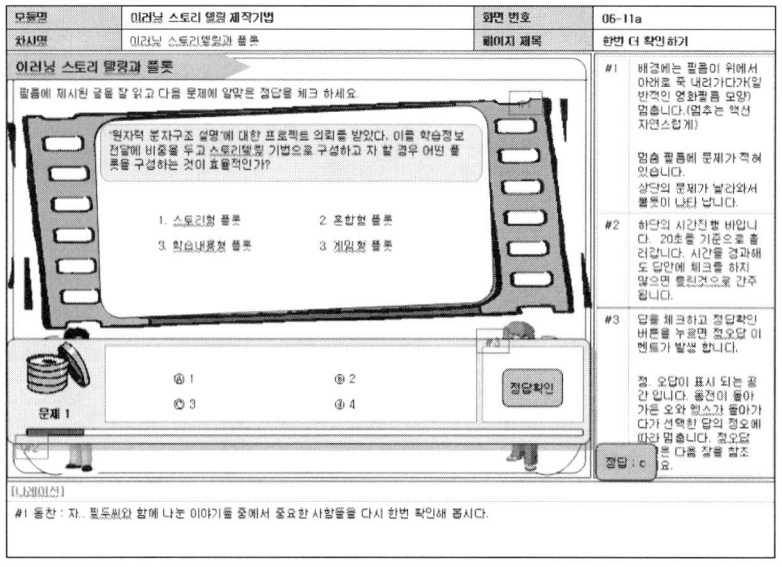

[형성평가 부분]

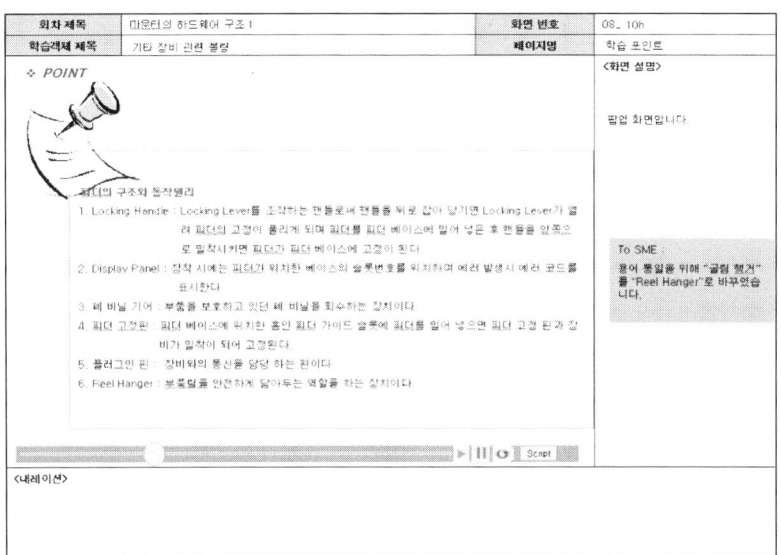

[기타]

3. 학습자 중심의 인터페이스 설계

인간과 컴퓨터 간의 상호작용을 더 쉽고 간편하게 하려는 설계를 인터페이스 설계라고 한다. 이러닝 콘텐츠에는 "ㄷ"자형 UI와 "="자형 UI가 주로 사용되고 있으며, 기본적으로 포함될 내용은 콘텐츠 정보, 학습 진행을 위한 내비게이션, 학습 내용, 학습지원 메뉴, 학습 조절 기능으로 구분할 수 있다.

인터페이스는 LMS의 특수성과 과정운영 방침을 고려하여 설계되어야 한다. (예: Top 프레임의 사이즈, Bottom 프레임 사이즈, Left 프레임 사이즈, 학습 내용 창의 크기, 토론방, 게시판 등의 기능 지원 여부 등)

[대표적 UI: "ㄷ"자형 UI(左)와 "="자형 UI(右)]

가. 콘텐츠 정보

과정명, 과목명, 차시명 등 학습 내용에 대한 정보와 기관명, 기관 로고 등 기관에 대한 정보가 표시된다.

차시명이 제시되는 부분은 전체 차시의 목차를 확인하여, 충분한 공간적 여유를 두도록 한다. (20차시 코스웨어에서 차시명은 짧을 수도 있고, 길 수도 있기 때문이다.)

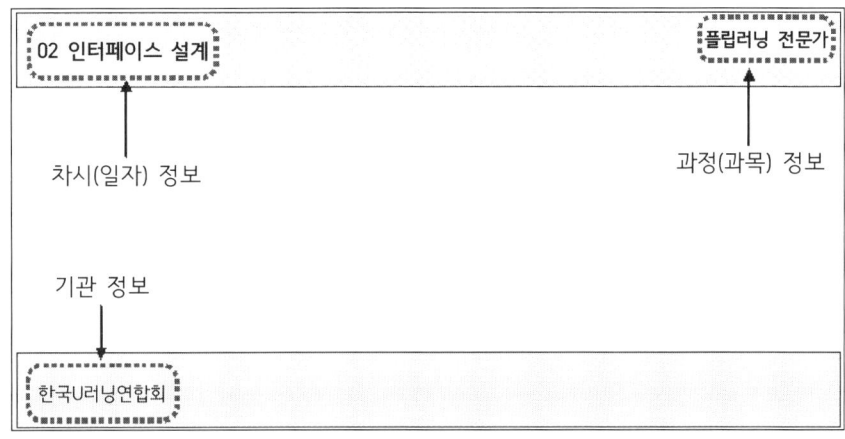

[콘텐츠 정보 표시의 예]

나. 학습 진행 내비게이션

페이지 이동을 위한 버튼과 학습흐름도 상의 각 단계(오브젝트)별 첫 페이지로의 이동을 위한 버튼, 학습 종료 버튼 등이 포함된다.

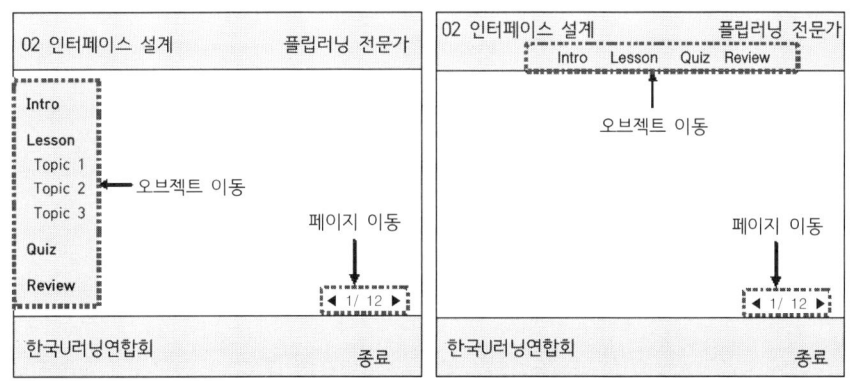

[내비게이션 정보 : "ㄷ"자형 UI(左)와 "="자형 UI(右)]

학습 진행 내비게이션 설계할 때 다음과 같은 경우를 고려해야 한다.

- 내비게이션의 배치는 학습자가 찾을 수 있는 최상의 위치에 있도록 고려하고, 일관성 있게 제공되어야 한다.
- 학습자가 스스로 진행하고 있음을 알도록 정보를 제공한다.
  총 몇 페이지 중 현재 몇 번째 페이지를 학습 중인지, 학습흐름도가 어떻게 구성되어 있으며, 학습흐름도 상에서 어떤 단계를 학습 중인지 알 수 있도록 해야 한다.
- 학습자 입력 탐색 조건을 허락할 수도 있다.
  항해는 유연성이 있어야 하고, 정보의 접근 제어는 유연성을 반영해야 한다. (입력한 페이지로의 이동)
- 컴퓨터가 요구된 정보를 준비할 동안 학습자가 그들의 흥미를 유지할 시각적인 자극을 제공하는 것이다.
- 학습 중인 곳과 학습한 곳, 앞으로 학습할 곳은 버튼이나 아이콘에 강조, 움직임 등의 시각적인 변화를 주도록 한다.
  때에 따라서는 학습흐름도를 따라 순차적으로만 학습할 수 있도록 제한을 둘 수도 있다. (진도 관리를 위해 순차적인 학습만 가능하도록 제한을 두는 경우가 많다.)

다. 학습 내용

장 혹은 절 제목, 학습 오브젝트 명, 본문 내용이 제시된다.

라. 학습지원 메뉴

학습자-교수자, 학습자-학습자 사이의 상호작용은 LMS의 특수한 기능들을 사용하여만 가능한 경우가 많다. 학습에 필요한 자료를 주고받기 위한 자료실, 특정 주제에 관한 토론이 필요한 경우 이를 지원하는 토론방, 과제 수행, 제출과 관련된 과제방 등이 이러한 상황에 해당한다.

- 상호 간의 의사소통은 언제라도 즉시 이루어질 수 있어야 하므로 이러닝의 어떤 노드에서라도 상호작용 채널에 접근할 수 있도록 한다.
- 상호작용의 채널은 보조 학습 도구이므로 이러닝과는 별도의 공간을 확보해 학습 내용과 상호작용이 유기적인 관계를 맺을 수 있도록 한다.
- 의사소통의 채널에 접근은 쉽게 이루어질 수 있어야 한다. 따로 의사소통을 위한 학습을 하지 않도록 쉽게 만들어져야 한다.

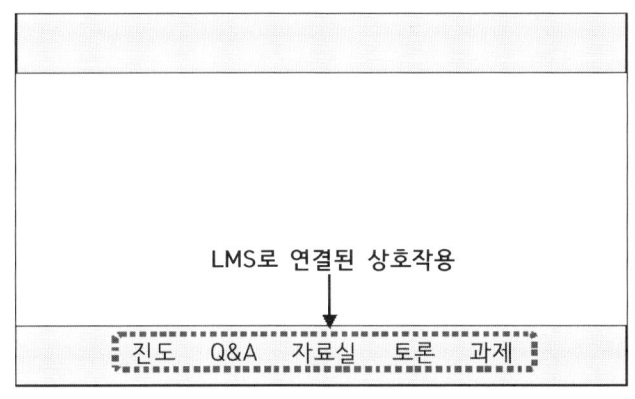

<학습지원 메뉴의 예>

마. 학습 진행 조절

하이퍼미디어 시스템은 학습자들이 지식의 몸체를 탐험하고 감각을 형성시켜 주며, 자기 주도적이고 자기 동기화된 의미를 구성해주고 메타인지 기능을 개발해 줄 수 있는 인지적 도구이다. 그러나 하이퍼미디어 시스템은 학습계열에 대한 구체적인 안내와 구조가 부족하여 학습 과정 중 학습자의 방향 상실을 유발할 수 있다.

이를 방지하기 위해서 개념지도(Concept Map)와 주제 목차(Topic List)를 이용할 수 있다. 개념지도는 이러닝 내의 학습 요소들을 이미지화하여 현재의 위치, 이전·이후의 위치 등을 학습자가 쉽게 파악하고 원하는 곳으로 바로 이동할 수 있도록 한다. 또한 플래시 애니메이션 혹은 동영상으로 학습을 진행할 때 학습 속도를 조절할 수 있는 컨트롤러는 필수 요소이다.

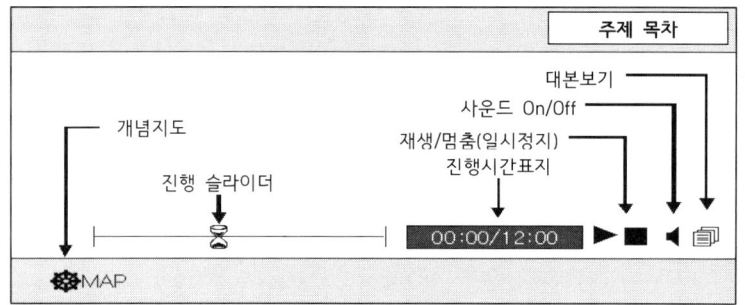

[학습 진행 조절 UI]

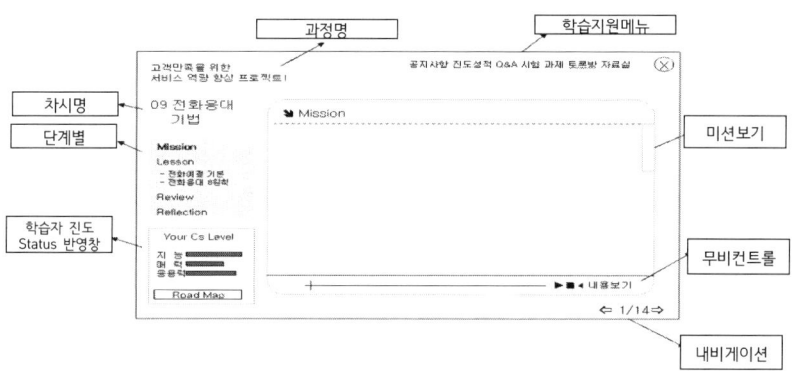

[인터페이스 설계의 예]

4. 상호작용 설계 방법

 상호작용 설계란 학습자에게 체계적으로 방향을 제시해 주는 안내 체제를 구성하고, 이를 기초로 학습을 위한 항해 또는 필요한 정보에의 접근 경로를 설계하는 것을 말한다.

가. 상호작용의 유형

 상호작용 설계는 학습자가 자율적인 독립학습 상황에서도 만족할 만한 학습을 경험할 수 있도록 도와야 한다는 맥락에서 다음과 같은 유형을 포함한다.

1) 교수자 - 학습자 간의 상호작용을 위한 설계 전략

 교수자가 학습자와 어느 정도 어떤 부분에서 상호작용을 할 것인가를 사전에 결정하는 데 영향을 미친다. 교수자는 이미 이러닝 자료 설계 과정을 통하여 자신이 가지고 있는 지식을 학습자에게 전달하려고 노력하였다.

 이제 학습자가 이러한 교육 자료를 가지고 학습하는 과정을 안내하고, 지원하고, 평가하는 활동에 참여하게 된다. 이때 학습자에게 일방적으로 설명하는 것이 아니라 학습자의 생각, 의견, 질문 등에 주의를 기울이면서 학습자의 적극적 지식 획득 과정을 촉진할 필요가 있다. 즉, 학습자와 상호작용을 통하여 학습자의 능동적 학습 과정을 지원하는 것이다.

 교수자와 학습자와의 상호작용을 위해서는 대체로 다음과 같은 영역에 대하여 사전에 구체적인 설계를 하게 되며, 이후 교육과정이 진행되면서 상세 운영 전략을 적용하게 된다.

(1) 질문에 대한 답변

교수자가 학습자와 상호작용을 하는 첫 번째 통로는 학습자의 인지적 질문에 대한 답변 과정을 통해서이다. 교육과정의 초기 단계에 학습자의 전체적인 동기 수준 등을 파악하여서 질문이 자발적으로 일어나지 않을 경우, 적절한 방식의 질문이 발생할 수 있는 환경을 설정할 수 있다. 예를 들어 몇 차례 강의 진행할 때 최소한의 질문을 반드시 하도록 부과하는 것을 들 수 있다.

(2) 학습 참여 유도

이러닝에 있어서 학습자의 참여가 매우 중요한 교육 효과의 요인인 만큼 학습자의 참여를 유도하는 방안이 사전에 잘 준비되어 있어야 한다. 강좌 안내문의 평가 사항에 학습 참여 항목을 명기하며, 구체적으로 참여의 방식을 상세하게 제시하는 것이 좋다. 교육 초기 단계에 학습자들의 학습 참여 유도를 위한 교수자의 적극적인 활동 또한 이후 학습자들의 학습 성공에 큰 영향을 미친다.

따라서 교수자는 초기에 상대적으로 많이 교육과정에 접속하여 학습자의 전체 학습 진행 상태를 파악하면서 필요할 때 학습자의 학습 행동에 개입하여 적절한 안내를 할 필요가 있다.

(3) 토론 참여

교수자가 학습자와의 토론 과정을 주도하거나 적극적으로 참여할 경우, 학습자의 학습 성공률과 만족도 수준이 높다는 연구 결과에 비추어 보면, 교수자의 토론 참여는 매우 중요하다.

그렇지만, 교수자의 토론 참여 방식과 수준은 교육의 진전, 학습자의 동기 수준, 토론의 주제 등의 조건에 따라서 변화될 필요가 있다. 특히, 학습자들이 교수자에게 의존하기보다는 자신의 지식과 사고를 분명히 하고 정리하기 위해서는 단계적인 토론 참여가 매우 필요하다.

즉, 초기 단계에서는 토론의 초점, 전개 방식에 대하여 관여하다가 이후 점점 관여의 수준을 줄이는 방식을 취할 수 있다.

2) 학습자 - 학습자간의 상호작용을 위한 설계 전략

학습자간 상호작용은 크게 교육 주제와 관련된 인지적 상호작용과 학습자들끼리 서로의 개인적인 생각을 나눌 수 있는 사회적 상호 작용을 포함한다.

인지적 상호작용을 위해서는 조별 과제를 부과하여 그것을 해결하는 과정에서 경험할 수 있게 할 수 있다. 이 부분을 성공적으로 운영하기 위해서는 앞의 토론 참여와 마찬가지로 강좌 안내문 등에 조별 과제 참여 방식과 이에 대한 평가 방식을 분명히 하는 것이 효과적이다. 특히, 개인별 평가뿐만 아니라 전체 조의 평가 방식을 구분함으로써 모든 학습자가 인지적 상호작용에 적극적으로 참여하게 하는 방법도 고려할 필요가 있다.

5. 내용제시 전략

내용제시를 잘하기 위해 학습콘텐츠를 정해진 크기의 화면에서 효과적으로 제시하는 방안을 고려해야 한다.

다양한 멀티미디어 자료와 항해 버튼들, 기타 여러 가지 학습 활동용 아이콘들의 크기와 색상, 배치 등에 대한 지각 심리학적 원리가 반영되어야 할 것이다. 그뿐만 아니라 화면 설계에 있어 문자 자료의 제시방안과 하이퍼링크 작성에 관한 내용도 고려해야 한다.

가. 화면디자인 원리

화면디자인 시 반드시 확보해야 할 세 가지 설계원리로는 일관성, 명확성, 심미성이 있다.

1) 일관성

사이버 강좌의 특성상 학습자는 여러 화면을 옮겨 다니면서 다양한 멀티미디어 요소를 접하게 된다. 새로운 화면이 등장할 때마다 제목이나 버튼들, 기타 시각 자료들이 제각각으로 다른 위치, 다른 색깔로 주어지는 경우 학습자는 인지적인 학습의 혼란을 느끼게 되어 학습 의욕을 잃게 된다.

따라서 바람직한 멀티미디어 화면 설계의 일관성을 위해 다음의 요소들을 고려해야 한다. 내용의 수준 및 문단 전환 시 제시양식, 항목들의 위치, 색채 사용, 머리말·꼬리말 구조, 실마리 사용, 그래픽 양식, 내용 밀도 및 여백, 용어 사용, 지시 용어 및 사용방식, 상호작용 기재(예: 버튼 사용).

2) 명확성

화면 설계에 있어 명확성을 확보하기 위해선 가능한 한 꼭 필요한 내용만 제시해야 한다는 원칙을 고수해야 하며 세부적인 명확성 내용은 다음과 같다.

- 학습자가 알 필요가 없는 내용은 무시하라.
- 학습자가 알아야 할 내용은 모두 포함하라.
- 학습자가 알면 좋은 내용은 가능한 한 포함하되 학습자가 선택하도록 하라.

또한, 명확성과 관련하여 특히 주의할 사항은 다음의 "사용언어"를 적절히 선택해서 적용해야 한다는 점이다. 교수-학습을 위한 용어는 학술용어와는 사뭇 다르므로 다음 지침을 참조할 필요가 있다.

- 학습자 수준에 맞는 용어를 끝까지 사용하라.
- 문장 유형은 중·복문을 피하고 단문으로 하라.
- 수동태를 피하고 부정문을 피하라.
- 학습자가 익숙한 사례를 가능한 한 많이 사용하라.
- 구어체를 사용하라.

3) 심미성

화면 설계에 있어 심미성은 '균형', '조화', '통일'이라는 세 가지 요소의 긴밀한 관련성을 갖는다.

(1) 균형

심미적 요소로서의 '균형'이란 한마디로 안정감을 말한다. 화면상의 요소들이 화면으로부터 미끄러져 내릴 것 같아서는 안 되며, 또한 한쪽으로 기우는 듯한 느낌이 들어서는 안 된다.

(2) 조화

한 화면 안에서 계속되는 화면제시에 있어서 유사한 색채나 폰트를 사용함으로써 전체적인 조화를 이루어져야 한다. 이미 사용하고 있는 글꼴과는 다른 글꼴이 삽입된다든지, 고전적인 내용에 최근의 테크노 음향이 사용된다든지 하는 것은 조화에 역행하는 화면 설계가 된다.

(3) 통일

내용제시에 있어 전체성을 유지하는 것을 말한다. 즉, 화면구성 요소들이 서로 하나 되는 느낌이 들도록 해야 한다. 모든 요소가 서로 부합되어야 하며, 그 어떤 것도 상실된 느낌을 주지 말아야 하며, 또한 과도한 느낌이 없어야 한다. 이러한 통일감의 추구는 무엇보다도 조화와 균형의 추구를 전제로 한다.

나. 문서자료 배치방안 (1)

현재 이러닝 내용 대부분은 문서자료로 이루어져 있다. 문서자료를 보완하거나 설명하기 어려운 내용 이해를 돕고 학습자의 흥미를 높이기 위하여 멀티미디어 자료를 사용하는 것이 바람직하다.

한 화면에 많은 문서가 비구조적으로 배치하는 것은 학습자의 흥미를 감소시키게 된다.

- 연역적 방식으로 내용을 제시한다.
- 불필요한 연결 수사를 자제한다.
- 화면당 제시내용을 최소화한다.
- 정독(精讀)보다는 적독(摘讀)에 알맞게 기술한다.
- 79%의 학습자들이 정독하지 않고 적독한다.
- 강조된 부분을 먼저 읽고 계속 여부를 결정하게 된다.
- 한 문장에 한 아이디어만 제시토록 진술한다.
- 내용의 관련성은 일관성 있는 '들여쓰기' 사용을 통해 표시한다.
- 제시된 내용의 출처, 저자 등을 밝힘으로써 자료의 신뢰도를 확보한다.
- 불필요한 연결 수사를 자제한다.

다. 문서자료 배치방안 (2)

수업자료를 적합한 구조에 따라 조직한다. 단위 수업의 전체 내용을 구조화하여 일목요연하게 제시하고 계속해서 세부 내용을 학습하게 하는 방안이 효과적이다.

수업자료를 제시하는 순서는 내용의 성격과 학습자의 경험이나 지식, 흥미 수준을 고려하여 결정한다. 하이퍼링크를 이용하여 새로운 정보를 제시할 때도 이전 내용과의 맥락을 유지토록 배려한다.

- 내용의 맥락을 손상하지 않도록 한 화면을 설계한다.
- 맥락 유지를 위해 돌출 창(pop-up)을 사용한다.
- 한 줄의 길이 : 약 20~30자 정도가 적절하다.
- 긴 문서의 경우 내부 링크(embeded link)를 설정한다.
- 멀티미디어 파일은 용량의 크기를 명시한다.

- 링크의 경우, 구체적인 내용을 짐작할 수 있도록 한다.
- 자료제시 계열은 내용과 학습자에 따라 다양화한다.
  (시간순, 절차순, 난이도, 분류별, 흥미도, 친숙도, 가용성)
- 긴 문서는 상자 모양으로 구획화한다. (인지적 부담경감)
- 미주, 참고자료 등에 대해 하이퍼링크를 활용한다.
- 용어집을 구축하고, 용어별로 링크를 설정한다.
- 화면 상단에 그림을 배치하지 않는다. (로딩 시간 지연 방지)
- '이미지 맵'으로 내용의 전체구조와 관련성을 제시한다.

라. 학습 요소별, 학습자 수준별 제시방안

 사실, 개념·정의, 절차·단계, 과정·상황, 원리 등 학습 요소에 대한 선수 학습 수준과 이해 수준은 다양하다. 따라서, 학습자의 수준에 따라 내용 제시방안을 다양화해야 할 필요성이 있다.

 웹에서 제공하는 여러 가지 기능을 이용하여 내용제시방안을 차별화할 수 있다. 일반적으로 하위학습자에게는 같은 화면에 확정된 정보를 제공해 주고, 상위학습자에게는 자유롭게 원하는 정보를 습득할 수 있도록 한다.

마. 다양한 도표 활용방안

 문서 내용을 이해하기 위해 적절한 도표를 활용하는 것은 제한된 화면 공간을 효율적으로 활용하는 방안이 된다. 자료의 구조와 경향, 맥락, 성격 등을 일목요연하게 제시해 주는 도표를 제작하는데 전문적인 지식이 필요하다.

무엇보다도 자료의 성격에 적합한 도표의 유형을 결정하는 일이 중요하다. 잘 작성된 도표는 학습자의 흥미 유발과 학습효과 제고에 큰 역할을 한다. (예: 선 차트, 막대 차트, 파이 차트 등)

학습 요소	하위학습자	상위학습자
사실	• 동일 화면상에 제시하여 즉시 확인할 수 있도록 설계 • 용어설명 제시 • 부가적인 링크 자제	• 용어설명/정의 화면으로 링크 설정 • 관련 논문이나 심화 정보제공
개념/정의	• 개념을 설명하고 같은 화면에 정례와 부정례 제시	• 개념과 관련된 전문 자료 링크 제시 • 동료와의 견해 공유 기능 제공
절차	• 순차적 정보제시	• 관련 주제에 대한 전문가 견해 자료 링크 제시 • 상위학습자 자신의 문제 해결방식
과정	• 전체 과정에 대한 도식설명 • 단계별 순서도 제시 • 순차적 정보제시 • 직전 단계로의 링크 설정	• 그래픽 활용/전문 자료 링크 제시 • 전문가의 시연 제시 • 부가적 방식 및 반대 견해에 대한 자료로 링크 제시
원리	• 3~4개의 항목제시 • 원리별 명확한 설명 제시	• 그래픽 활용/전문 자료 링크 제시 • 전문가의 시연 설명 제시 • 부가적 방식 및 반대 견해에 대한 자료 링크 제시

바. 색상 활용방안

 색을 활용함으로써 학습자들은 정보를 더 빨리 찾고 필요한 정보를 더 빨리 추출할 수 있다. 또한 색상은 단조로운 화면제시를 흥미롭고 재미있게 만들어서 학습 의욕을 고취한다. 그러나 화면을 생동감 있게 하기 위한 목적과 정보를 더 빨리 찾도록 하려는 목적이 서로 갈등을 일으킬 수도 있다.

따라서 색의 사용은 명백한 목적과 이유에 근거하여 이루어져야 한다.

❖ 색을 사용하는 주된 목적

- 사용자의 주의를 끌기 위해
- 검색 속도를 빠르게 하려고
- 아이콘을 쉽게 확인할 수 있게 하려고
- 화면의 구조를 보여주기 위해
- 측정이나 수량화의 기준을 나타내기 위해
- 색 자체를 표현하기 위해
- 사용자를 즐겁게 하려고
- 감정을 유발하거나 강화하기 위해

❖ 색 선정할 때 고려사항

- 지나치게 화려한 색은 피할 것
- 자연색을 사용하고 원색을 가능한 한 피할 것
- 대립하는 색상은 피하고, 색의 조합을 고려할 것
- 가능한 적은 수의 색을 사용할 것
- 색과 관련된 연상에 의존하여 색을 선정할 것
- 색에 대한 관행이나 관습에 따라 색을 선정할 것
- 상태의 변화를 알리기 위해 색채변화를 사용할 것
- 논리적으로 관련된 정보를 연결하는데 지나치게 화려한 색은 피할 것
- 가독성(可讀性)을 증가시키기 위해 최적의 밝기 대비를 적용할 것
- 빨강-멈춤, 녹색-통과 등 색채의 보편적 의미를 활용할 것
- 하이퍼링크 부분의 선정 전·후 색상을 일관성 있게 할 것

제3부
K-이러닝 실행

1. 이러닝 콘텐츠 개발
2. 온라인 강의법
3. e학습 기술
4. 사이버 학습 커뮤니티

K-이러닝의 올바른 실행을 위해 기본적인 콘텐츠 개념 및 개발과정을 새롭게 살펴보고 교수학습 방법 및 강의법 등을 재개념화 재매개화 재구조화의 관점에서 업그레이드시키는 노력을 기울여야 할 것이다.

1. 이러닝 콘텐츠 개발

가. 이러닝 콘텐츠 개념 및 개발 방향

콘텐츠란 원래는 서적이나 논문 등의 내용이나 목차를 일컫는 말인데, 최근에는 각종 유·무선 정보통신기술을 통해 제공되는 디지털 정보를 통칭하는 의미로 사용된다. 이러닝 콘텐츠는 정보통신기술을 활용하여 교수-학습 활동이 이루어지는 이러닝 환경에서 제공되는 모든 학습 내용을 의미한다. 이때의 학습 내용은 이러닝을 위한 별도의 교수설계원리 및 학습원리를 적용하여 텍스트, 이미지, 오디오, 비디오, 애니메이션 등의 멀티미디어로 개발된 종합적 결과물을 말한다.

이러닝에서 가장 중요한 요소 중의 하나는 콘텐츠이다. 양질의 콘텐츠를 개발하기 위해서는 관련 분야의 전문 인력을 확보하고, 표준화된 콘텐츠 개발 프로세스를 통한 질 관리 체제를 확립하는 것이 가장 중요하다. 지식정보화사회로의 전환은 무엇을 어떻게 학습해야 하는지에 대한 학습 방식의 변화를 가져왔고, 이는 e러닝 콘텐츠를 어떻게 개발해야 할 것인가에 대한 중요한 시사점을 제공하고 있다. 학습 환경의 변화에 따른 콘텐츠 개발 방향의 몇 가지 틀을 살펴보면 다음과 같다.

첫째, 교육 중심에서 학습 중심으로의 변화이다. 이는 지식 전달을 강조하는 전통적인 교육 중심에서 자기 경험과 새로운 지식을 통합하고 이에 대한 의미를 깊이 인식하는 학습 중심으로 변화를 의미한다. 학습 중심은 학습자의 적극적인 참여와 탐구를 기반으로 하며, 필요로 하는 지식을 적극적으로 탐색하여 자신의 지식으로 체득하는 과정을 통해 전문가로 성장하는 것을 목표로 한다.

둘째, 개념 중심에서 실천 중심으로의 변화이다. 많은 콘텐츠는 교과서 개념을 요약 정리하는 내용으로 채워져 있다. 콘텐츠는 학습자가 학습한 것을 실천해 볼 수 있는 기회를 제공하고 이러한 학습 활동을 적극적으로 촉진하도록 개발되어야 한다.

셋째, 학습 현장과 업무의 분리에서 학습과 일의 통합으로의 변화이다. 현재의 업무 현장에서 필요로 하는 지식과 경험을 이러닝 콘텐츠를 통해 즉시 받을 수 있도록 하기 위해서는 학습 과정의 업무 과정이 통합되어 학습한 것을 실제 현장에 활용하고 업무 현장에서 학습한 것을 다시 지식으로 전환하는 순환적 학습 과정이 일어나도록 콘텐츠가 설계될 필요가 있다.

넷째, 학습자 모니터링에서 학습자에 대한 조언으로의 변화이다. 대부분의 이러닝 콘텐츠는 학습자가 온라인에서 얼마 동안 머물렀으며, 얼마나 많은 학습 활동에 참여했는지를 모니터링하고 이를 평가하는 데 관심을 가졌으나, 학습 활동에 대한 체계적인 분석을 통해 학습자의 상태와 수준에 따른 조언과 안내를 제공하는 적응적 학습이 이루어져야 할 것이다.

나. 이러닝 콘텐츠 개발과정

이러닝 콘텐츠의 질적 수월성을 확보하기 위해서는 품질 관리 활동을 포함하는 일련의 콘텐츠 개발 프로세스를 통해 콘텐츠가 개발돼야 한다. 콘텐츠 개발의 각 단계는 시간적 순서에 의해 일어나기보다는 전체를 이루는 구성 요소로서 서로 유기적인 관계를 유지하여, 개발과정은 각 단계의 요소들이 통합적으로 조절되는 과정을 포함한다. 일반적으로 분석, 설계, 개발, 실행, 평가의 다섯 단계를 포함하는 ADDIE 모형을 통해 이루어진다.

콘텐츠 개발과정은 각 세부 활동을 성실하게 수행하는 것도 물론 중요하지만 무엇을 왜, 어떻게 해야 하는가에 대한 목표 의식과 이를 일관성 있게 실천하는 개발팀 내의 팀워크가 가장 중요하다.

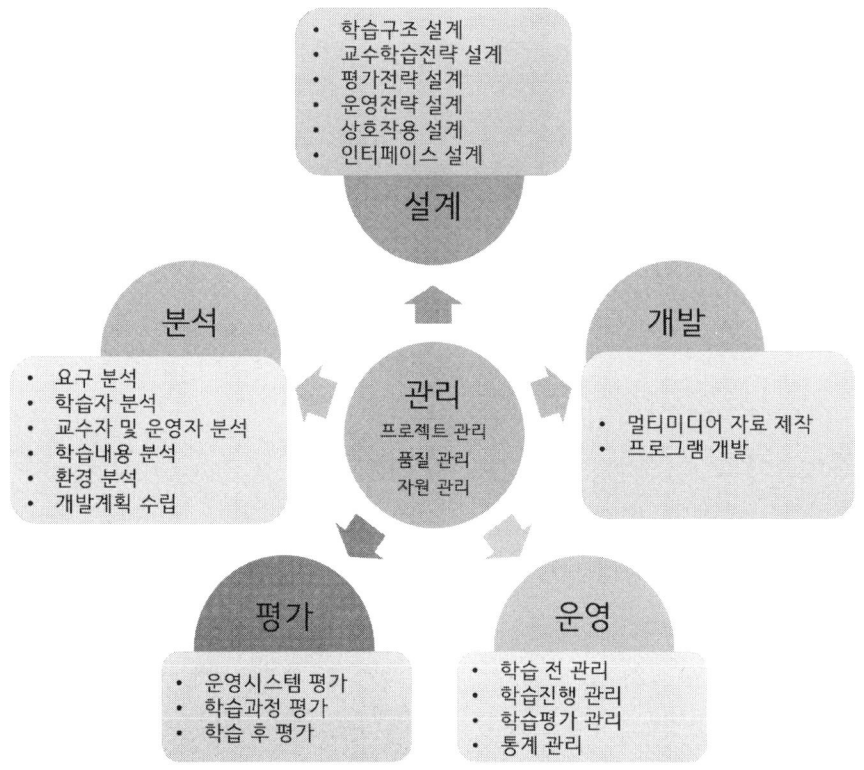

1) 분석

 분석 단계의 목적은 요구 분석, 학습자 분석, 교수자 또는 운영자 분석, 학습 내용 분석, 환경 분석 등을 통해 콘텐츠 개발에 필요한 각 요소를 찾아내어 개발계획을 수립하는 데 있다. 개발계획을 수립하는 과정 중, 새롭게 고려되어야 할 요소가 발견되면 다시 분석 활동을 수행하여 개발계획에 반영하게 된다. 이러한 반복적 순환적 구조 때문에 분석과 계획은 분리되는 것이 아니라 거의 동시에 이루어진다 해도 과언이 아니다.

 분석 활동을 통해 수집된 자료는 콘텐츠 설계를 위한 중요한 기초 자료가 된다. 분석 활동 중, 학습 내용 분석은 콘텐츠를 개발하기 위한 가장 중요한 활동이다. 요구 분석은 콘텐츠 운영 조직의 비전과 목표, 기존 사례 분석, 기술 변화에 대한 분석, 학습자들의 학습 수행 분석 등을 통해 바람직한 목표 수준을 파악하기 위한 활동이다. 학습 환경 분석을 시행하는 이유는 실제로 운영될 학습상황에 대한 세밀한 사항을 고려하여 사용 가능성을 높일 수 있도록 하기 위함이다.

2) 설계

 콘텐츠 개발과정에서 가장 중요한 단계는 바로 설계 단계이다. 설계 단계에서는 기본적으로 학습 내용을 어떻게 구조화할 것인가에 대한 문제인 학습 구조 설계와 다양한 교수학습 전략, 운영 전략, 평가 전략 및 프로그램으로 구현되는 콘텐츠의 상호작용 및 인터페이스 설계 전략을 포함한다. 또한 수업 운영 방식에 따라 콘텐츠 제시 및 과제 전략이 달라질 수 있으므로, 어떻게 운영할 것인지에 대한 심도 있는 논의가 필요하다.

 콘텐츠 설계는 학습자가 성취해야 할 학습 목표를 기술하는 것부터 시작하여 학습 내용의 제시 방법, 순서, 학습 활동의 배치, 학습 활동에 대한 평가, 최종적으로 학습 목표 달성 여부에 대한 평가 등에 대한 설계 과정을 거치게 된다.

이러닝 콘텐츠의 가장 큰 특징 중 하나는 학습자가 온라인상에 연결되는 교수자, 다른 학습자와 사회적 상호작용을 할 수 있다는 점이다. 따라서 이러한 상호작용이 교수-학습 활동으로 이어질 수 있도록 콘텐츠 설계에서 세심한 배려가 요구된다.

3) 개발

콘텐츠 개발은 설계 단계에서 개발된 콘텐츠 구성도(Contents Structure)와 각 화면 단위의 설계를 포함하는 스토리보드를 가지고 이러닝 시스템에서 운영할 수 있는 콘텐츠를 개발하는 활동을 포함한다.

콘텐츠 개발은 대부분 교과 단위 혹은 모듈(Chapter) 단위별로 일관성 있는 사용자 인터페이스를 갖게 되는데, 이러한 특성에 따라 초기에는 전체 콘텐츠를 한 번에 개발하기보다는 특정 단위의 학습 모듈을 프로토타입(Prototype)으로 개발하여, 콘텐츠 설계자뿐만 아니라 교수자 또는 학습자까지도 포함하는 사용성 검사(Usability Test)를 통해 앞으로 개발되는 전체 콘텐츠에서 반드시 고려되어야 할 중요한 요소들을 검증한 후 확대 개발하는 것이 바람직하다. 이러한 검증 작업을 통해 점진적으로 다양한 콘텐츠 구성 요소들을 확대 개발하기 위해서는 콘텐츠의 구조 자체가 매우 융통성 있게 설계되어야 한다.

멀티미디어 콘텐츠 개발을 위해서는 적절한 저작도구를 사용해야 하는데, 저작도구는 일정한 틀을 제공하고 그 틀에 콘텐츠를 맞추어 개발하도록 제한하는 경우가 많다. 따라서 저작도구를 선정할 때는 한 가지 이상의 도구들을 조합하여 사용하게 함으로써 콘텐츠의 일관성 있는 설계와 인터페이스를 유지하면서도 다양한 학습 활동을 제공하는 융통성을 가졌는지를 검토해 보아야 한다. 또한 특정 도구에 콘텐츠가 예속되지 않는 독립성을 확보해야 한다.

구분	교수자	학습자
학습 활동 설계 전략	▪ 강의교재/강의자료 저작 ▪ 다양한 사례, 보충 자료제시 ▪ 시연 ▪ 토론 문제 제기 ▪ 학습 활동 안내(학습자의 역할 및 책임, 일정) 제시 및 지원 학습자 독려 ▪ 실제 경험과 연습 기회 제공 ▪ 협력학습 소집단 구성 ▪ 팀별/개별 학습 활동에 대한 모니터링 및 피드백	▪ 개별 학습(강의 듣기 등) ▪ 협력학습(프로젝트 수행 등) ▪ 교재/자료 요약 ▪ 교수자 시연 후 Process 작성 및 학습자 시연 ▪ 실시간/비실시간 토론 ▪ 성찰일지 작성 ▪ 실제 경험과 연습
과제 및 피드백 전략	▪ 조별/개별 과제제시 ▪ 성찰/토론 일지 ▪ 포트폴리오 / 보고서 ▪ 세미나실을 통한 참여자들의 자유로운 피드백 격려	▪ 자유로운 질의/응답 ▪ 적극적인 참여 ▪ 동료 학습자와의 생산적인 토론 연습
동기 부여 전략	▪ 수업 전 사전 교육 ▪ 학습 활동에 대한 지속적인 피드백 ▪ 학습자의 관심과 관련된 학습 내용, 사례, 연습 제공 ▪ 개별적인 학습 목표 설정 및 달성 지원 ▪ 지속적인 문제 제기/질문 ▪ 호기심 자극	▪ 개별적인 학습 목표 설정 ▪ 학습자의 학습 문제 도출
평가 전략	▪ 온라인/오프라인 테스트 ▪ 대화방, 토론방 등의 학습 활동 참여도 ▪ 해당 모듈에서 머무른 시간 ▪ 포트폴리오 / 보고서 / 성찰일지 /과제물	▪ 학습자의 자기 평가, ▪ 동료 평가, 교수자 평가 유도

[교수학습 활동 설계 전략]

4) 운영

운영 단계는 이러닝 운영시스템을 통해 교수-학습 활동이나 협력학습 활동 등이 실제로 진행되는 것을 말한다.

학습 과정	운영 활동 내용
학습 전	- 클래스 촉진 활동 (class promotion) - 학습 일정 제시 (time-tabling and scheduling) - 학습자 등록 (enrollments) - 코스 가이드 제공 (course advice) - 운영시스템 및 콘텐츠 준비 (preparation of the delivery system)
학습 중	- 동료 학습자와 친밀감 형성 (getting to know one another) - 학습 진행과 관련된 정보 제공 및 관리 (information management) - 소집단 관리 (group management) - 학습 중에 일어나는 변화의 적용 (adapting to change) - 학습자 상담 (student counseling) - 평가 (evaluation) - 운영시스템 및 콘텐츠 유지 관리 (delivery system maintenance)
학습 후	- 학습 결과 수집/학점 부여 (collection, moderation and distribution of grades) - 코스 기록물 및 자료 보관 (archiving course records and materials)

[학습 운영 전략]

5) 평가

평가는 크게 시스템 평가와 콘텐츠 평가, 학습자 평가로 나누어 볼 수 있다. 시스템 평가는 운영 서버나 네트워크를 포함하는 하드웨어와 이러닝이 운영되는 플랫폼 등을 포함하는 학습관리시스템(LMS: Learning Management System)에 대한 평가를 의미한다.

콘텐츠 평가는 학습 내용의 제시 방법, 사용자 인터페이스의 일관성, 학습자의 학습 수준에 적합한 학습 내용의 선정 여부, 동기 부여를 위한 상호작용 촉진 정도, 관련 학습 자료의 제공 정도 등에 대한 평가를 수행한다. 시스템 평가와 프로그램 평가는 별도의 점검표를 통해 이러닝에 참여하는 여러 사람이 평가하도록 한다.

학습자 평가는 다양한 평가 방법을 고려하여 온라인의 학습 활동을 평가할 수 있어야 하며, 기존의 오프라인 수업의 기준으로만 평가하지 않도록 주의해야 한다.

평가 방법	운영 활동 내용
학습 참여도	참여도, 출석, 토론
학습 과제	보고서, 리포트, 개별 프로젝트, 팀 프로젝트
검사/시험	진단평가, 형성평가, 총괄평가
수행평가	토론, 면접, 자기 평가, 동료 평가, 포트폴리오

[이러닝 콘텐츠 평가 방법 및 세부 항목]

6) 관리

콘텐츠를 개발하는 과정에서는 프로젝트 관리를 통해 전체적인 교육용 콘텐츠에 대한 품질 관리와 각 단계에서 발생하는 문제를 해결하기 위한 인적, 물적 자원의 신속한 지원이 이루어질 수 있는 관리 활동을 수행해야 한다.

관리는 프로젝트가 시작되면서 종료될 때까지 지속해서 이루어지는 활동이며, 각 단계에서 발생하는 변화를 다른 단계에서 반영하는 긴밀함과 신속함이 매우 중요하다. 그러나 문제가 발생한 후 문제를 해결하기 위한 관리보다는 전체 콘텐츠 개발과정을 통해 구축되는 학습 환경에 대한 총체적인 안목을 가져야 하며, 각 단계에서 어떠한 방법과 전략을 선택해야 하는지에 대한 준거를 제공할 수 있어야 한다.

다. 이러닝 교수-학습 방법

이러닝의 교수-학습 방법은 분류 기준에 따라 다양하게 분류해 볼 수 있다. 먼저 개별 학습 방법과 협력학습 방법으로 분류하여 볼 수 있는데, 개별 학습 방법으로는 자기주도적 학습 혹은 자기조절 학습을 들 수 있다. 개별 학습 방법에서는 학습자가 자신의 학습 과정을 스스로 주도하고 조절하며 평가함으로써 학습의 전 과정에 적극적인 역할을 하는 학습 방법이라고 할 수 있다.

개별 학습 방법에서는 교수자의 강의를 듣거나 관련 자료의 탐색을 통해 학습자가 콘텐츠에서 제공하는 학습 자료에 대한 충분한 이해를 목적으로 한다. 이에 비해 협력학습 방법으로는 프로젝트 중심 학습, 문제 중심 학습 등을 들 수 있는데, 이는 개별 학습자의 학습 능력뿐만 아니라 팀원들과 협력적으로 과제를 수행하거나 문제를 해결하는 과정을 통해 복합적인 문제 상황에 대한 대처 능력과 고도의 사고 능력을 개발할 수 있는 장점이 있다. 협력학습 방법에서는 팀원들 간의 토론, 세미나, 공동의 과제 개발 등의 협력적 학습 활동을 수행한다.

이러한 교수-학습 방법의 분류는 개념적인 분류라고 할 수 있으며, 실제 하나의 콘텐츠에서 둘 이상의 복합적인 교수-학습 방법이 적용되기도 한다. 각각의 교수-학습 방법에 대한 구체적인 내용은 다음과 같다.

1) 자기주도적 학습(Self-Directed Learning)

 자기주도적 학습은 학습자 스스로 학습 목표를 설정하고 학습 과정 및 전략, 학습자원을 결정하여 학습을 수행하고 학습 결과를 스스로 평가하는 일련의 학습 과정을 말한다. 자기주도성은 이러닝에서 가장 중요한 교수-학습 방법의 하나라고 할 수 있다. 이러닝의 학습 환경은 개별 학습자가 필요에 따라 자신의 학습 과정을 선택하고 학습 과정에서 주도적인 학습을 하기 때문이다.

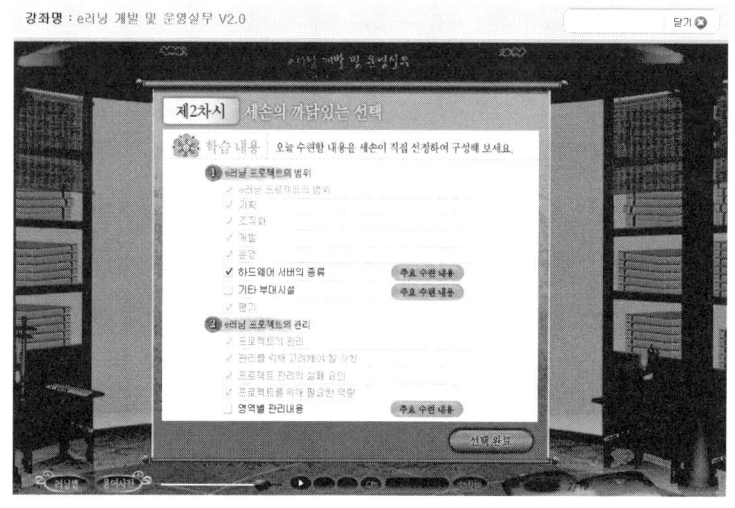

[자기주도적 학습의 사례 화면]
(학습자의 필요에 따라 다양한 학습자원의 탐색)

 자기주도성은 학습자 자신의 학습 과정을 스스로 관리할 수 있는 학습 전략의 측면과 학습 동기 측면으로 나누어서 살펴볼 수 있다. 학습 전략으로서의 자기주도성은 학습 과정의 절차와 단계를 효과적으로 수행하기 위한 '계획'과 학습 목표를 달성하기 위해 자신의 학습 과정과 결과에 대한 지속적인 '자기 점검'과, 자기 점검을 통해 발견된 문제점을 해결하기 위해 자신이 가진 학습 전략의 전반적인 '수정', 그리고 과제를 해결하기 위한 모든 '자기관리' 등의 인지적 과정을 포함한다.

학습 동기로서의 자기주도성은 학습자 스스로 학습 과정을 주도하기 때문에 자신의 학습 결과에 대한 책임이 자신에게 있음을 인식하는 자기조절감 혹은 통제인식 등을 갖게 된다. 또한 학습 과정에 대한 스스로 통제인식을 바탕으로 자기효능감을 느끼게 되는 효과가 있다.

2) 프로젝트 중심 학습(Project-Based Learning)

프로젝트 중심 학습은 프로젝트를 수행하는 학습자들이 협력적 학습 과정을 통해 공동의 학습 결과물을 만들어 내는 것으로, 협력학습을 극대화하는 학습 방법의 하나라고 할 수 있다. 학습의 목적은 단순 지식의 암기에 있는 것이 아니라, 학습자의 적극적인 탐구를 통해 학습주제를 더욱 풍부하게 이해하는 데 있다. 또한, 수행 과정을 통해 성찰적, 비판적 사고력과 같은 고도의 사고 능력을 학습하는 것을 목적으로 한다.

프로젝트 중심 학습의 특징으로는 학습자가 프로젝트의 주제뿐만 아니라 프로젝트 내용과 본질까지도 결정할 수 있다는 점, 교수자는 촉진자로서 학습자들이 탐구에 몰입할 수 있도록 학습자원과 안내를 제공하고 학습 활동을 설계하는 구실을 한다는 점, 교과목 전체의 맥락을 포괄하는 주제를 다룸으로써 학습자가 통합적인 시각을 가지고 전체를 보는 거시적인 안목을 갖게 된다는 점, 학습자는 교재, 온라인 데이터베이스, 비디오, 개별 인터뷰 자료 등 매우 다양한 학습자원을 통해 탐구를 수행한다는 점이다.

프로젝트 수행 단계는 준비, 학습계획 수립, 관련 주제 탐색, 학습 결과물 작성, 의사소통과 협력, 성찰/평가, 종합평가로 나누어 볼 수 있으며, 각 수행 단계별로 각각 학습자와 교수자의 참여적 활동이 필요하다. 학습자들은 프로젝트 수행을 위한 사전 준비를 마친 후, 학습계획 수립과 다양한 학습자원을 통한 학습주제의 탐색, 자료의 수집 및 정리, 그리고 의

사소통과 협력을 지속해서 수행하며, 이러한 학습 활동 중에 지속적인 성찰을 통해 팀 단위의 학습 과정과 결과에 대한 평가가 이루어진다.

3) 문제 중심 학습(Problem-Based Learning)

문제 중심 학습은 학습자가 해결해야 할 실제적 문제를 중심으로 자기 경험과 지식에 비추어 새로운 지식을 능동적으로 구성하는 유의미한 학습을 의미한다. 정답을 찾을 수 있는 수학적 문제보다는 다양한 해결책이 가능한 비구조화된 문제들을 다룬다. 협력 활동을 통해 문제를 해결해 가는 프로젝트 중심 학습과 개별 학습자가 자신의 학습 과정을 주도적으로 수행하는 자기조절 학습의 두 가지 양상을 모두 포함하는 교수-학습 방법이라고 할 수 있다.

문제 중심 학습은 의과 대학생을 중심으로 1950년대부터 시도된 교수-학습 방법으로 실제 상황에서 환자에 대한 다양한 자료들을 분석함으로써 환자의 질병을 진단하고 이를 치료하기 위한 해결책을 찾는 방법을 학습하기 위해 사용되었다.

문제 중심 학습의 수행 단계는 다음과 같다. 첫째, 문제를 규명하는 단계이다. 이 단계에서는 문제를 어떻게 인식해야 하며, 문제와 관련하여 내가 알고 있는 것과 알고 있지 못한 것이 무엇인지를 인식하는 것이다. 둘째, 문제 해결을 위한 계획을 수립하는 단계이다. 이 단계에서는 가능한 문제 해결 방안을 탐색하고 자료를 수집하는 등의 구체적인 실행 계획을 작성하는 활동을 의미한다. 셋째, 이전 단계에서 작성한 계획에 따라 해결책을 실행하는 단계이다. 마지막으로, 문제 해결 과정과 결과에 대한 평가 단계이다. e러닝에서는 학습자가 다양한 관련 정보를 탐색하고 관련 전문가들과 언제든 상호작용하는 열린 학습 환경 속에서 복합적인 문제 해결 능력을 계발하는 학습 환경을 제공할 수 있다.

2. 온라인 강의법

가. 온라인 강의구조의 개요

온라인 학습에서 강의 설계할 때 고려할 요소는 "내용", "구조", "인터페이스"로 설명된다.

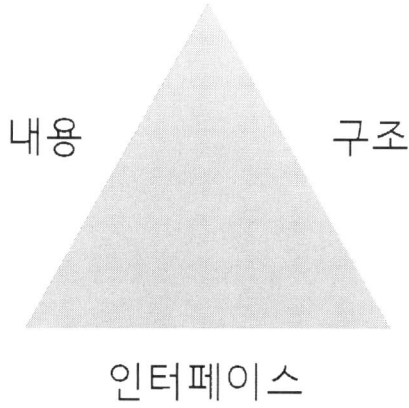

우선 '내용'이라 함은 강의자가 전달하고자 하는 정보, 아이디어, 혹은 메시지를 의미하고, '구조'란 '내용'이 어떤 식으로 조직되어 있는가를 의미한다. 그리고 '인터페이스(Interfaces)'란 교육자들이 실제로 접하는 화면의 구성을 말한다.

일반적으로 강의실에서 진행되는 강의와 온라인 강의 사이의 수업내용에서는 당연히 차이가 없을 것이다. 그러나 비록 같은 강의내용이라 하더라도 온라인 강의에서는 인터페이스가 다르기에 강의구조를 어떻게 설계하느냐에 따라 학습자의 학습효과에 현저한 차이가 난다. 따라서 강의내용과 인터페이스를 고려하여 강의구조를 어떻게 설계할 것인가를 연구하고 결과를 분석하는 일은 분명히 이러닝 교육환경을 위해서는 필요할 것이다.

 온라인 강의의 구조를 설계할 때 논의해야 할 분야는 상당히 다양하다. 우선 학습자를 위한 컴퓨터 화면을 설계하는 문제, 실제 강의내용을 촬영할 때 강사가 고려할 것, 또는 학습자의 학습효과를 피드백(Feedback) 받는 방법 등을 들 수 있다. 또한 이러한 고려사항은 강의내용의 분야, 학습자의 성격, 인터페이스의 종류 등에 따라 충분히 사전 논의되어야 할 것이다.

 따라서 온라인 강의의 특성을 고려하여 강의를 촬영하기 전 강의내용을 어떻게 설계할 것인가를 사전 검토하고 또한, 일반 강의실 강의와 달리 강의구조를 어떻게 조정하는 것이 학습 효과를 높일 수 있느냐는 문제에 대해서도 충분히 고려하여야 할 것이다.

나. 강의구조의 설계 시 고려할 문제

1) 간결한 설계

 일반 강의실에서 사용되는 강의교재 및 인쇄물과 달리 온라인 강의에서는 학습자들이 컴퓨터 화면에 장시간을 소비하지 않으려 하는 경향이 있다. 아마 이는 대부분 학습자가 컴퓨터 화면을 통한 정보습득 행위를 익히는 과정에서 내용학습보다는 자료검색 및 시각적 정보에 더욱 익숙하기 때문일 것이다.

 따라서 온라인 강의 설계 시에는 가능한 핵심 내용으로 정리된 간결한 화면구성이 필요할 것이며 특히 가능한 스크롤바(Scroll Bar)를 사용할 필요가 없게 하는 것이 학습효과를 높이는 데 도움을 줄 것이다.

일반 강의실에서 사용하던 강의 노트는 온라인 강의를 위하여 컴퓨터 화면으로 옮기는 과정에 모두 재구성하는 과정을 거치는 것이 좋다. 이 과정에서 대부분 문장으로 이루어진 학습 내용은 도형, 표, 그래픽, 그리고 간결한 핵심 문장으로 요약되어 학습자들이 손쉽게 내용을 파악할 수 있도록 한다.

2) 역피라미드 구조

일반 강의실에서 강의할 때 학습자들의 집중을 유발하기 위하여 강의자들이 많이 사용하는 방법은 먼저 질문을 던지고 이에 대한 다양한 설명 및 전제 등을 제공하고 마지막으로 결론을 도출하는 것이다. 그러나 학습자와 대면 효과를 기대할 수 없는 온라인 강의에서는 이러한 방법으로는 학습자의 지속적인 집중과 관심을 유발하기 힘들 수가 있다.

그래서 이에 대한 대안으로 시도된 것이 먼저 전달하고자 하는 핵심 결론을 먼저 제시하고 결론에 대한 유력한 증거 및 정보, 이에 대한 배경을 설명하는 것이다.

가능한 제목과 더불어 2~3단계의 하위제목을 사용하여 내용을 구조화하고 각각의 하위제목을 색이나 크기로 구분하여 강조하는 것이 강의를 진행하기에 상당히 효과적이다. 또한, 일정한 크기인 컴퓨터 화면에서 화면 상단은 매우 중요한 역할을 한다. 이곳에 복잡하거나 애매한 정보를 제시하면 학습자들은 전체 정보를 이해하는 데 많은 어려움을 표시하는 경우가 있으므로 화면 상단에는 학습자들이 전체 내용을 예측할 수 있는 작은 그림 및 호기심을 유발할 수 있는 제목을 제시하는 것이 좋다.

3) 적정 학습 단위

학습자가 하루에 학습할 수 있는 온라인 강의 시간은 학습장소, 개인의 특성, 그리고 여유시간 등에 따라 사람마다 다양할 것이다. 그러나 강의실과 같이 외부로부터의 간섭이 차단된 공간이 아닌 일반 사무실 및 집에서 몇 시간씩 온라인 강의에 집중한다는 것이 현실적으로 어려운 일이다.

따라서 전체 강의를 일정한 소단위(강의 차시)로 분리하여 학습자들이 중간마다 쉴 수 있는 시간적 여유를 제공하는 것은 중요하다. 흔히 일반 강의실에서는 하나의 수업 단위를 1시간 혹은 1시간 반으로 많이 사용하고 있지만 온라인 강의에서는 이렇게 긴 시간을 학습 단위로 하면 대부분 학습자가 어려움을 토로한다. 그렇다고 너무 짧게 학습 단위를 구성하면 오히려 전체 내용의 연속적 흐름을 얻을 수 없어 산만한 학습 환경을 가져올 수 있다.

다. 온라인 강의 운영 시 고려할 문제

1) 학습개시 전 오리엔테이션(Orientation)

오프라인 강의와 온라인 강의의 학습 환경이 다르므로 수업 개시와 동시에 학습자들에게 강의구조와 진행방식, 전체 강의 일정, 그리고 온라인 강의의 장점과 한계점을 명확히 인식시키는 작업이 진행되어야 한다. 학습자들에게 인식시킬 필요가 있는 온라인 강의의 특징은 다음과 같다.

첫째, 오프라인 강의와 달리 온라인 강의의 경우 학습자 개인이 얼마나 적극적으로 강의에 참여하느냐에 따라 질적으로 다른 결과를 가져올 수 있는 학습자 중심의 학습 환경이라는 것이다. 따라서 강의를 듣는 과정에 주의할 점, 강의 종료 후 자기 학습 과정, 그리고 교재와 부교재의 활용법 등에 대한 상세한 설명을 제시하여 학습자의 능동적인 참여를 유발토록 하여야 할 것이다.

둘째, 온라인 강의의 경우 사용되는 학습 솔루션에 따라 강의 환경의 하이퍼링크가 복잡하여 엉뚱한 방향으로 강의 절차를 진행하거나 질문이나 과제를 제대로 처리하지 못하는 실수를 예방하기 위한 적절한 설명도 따라야 할 것이다.

2) 지속적인 모니터링(Monitoring)

일반 강의실에서의 경우 강의자는 면대면 수업을 통해 학습자의 학습 과정을 관찰할 수 있고 학습자는 질문이나 주위 학습자와의 토론을 통하여 학습 과정을 확인할 수 있다. 그러나 온라인 학습 과정에서는 이러한 과정을 기대할 수 없기에 학습자들의 학습 과정을 모니터링하기 위한 적절한 방안이 요구된다.

첫째, 질의응답 서비스(Q&A)의 적극적 활용이다. 온라인 강의는 일반적으로 학습자를 위한 질의응답 서비스를 갖추어 학습 과정에서 생기는 의문점을 질의할 수 있는 채널을 가지고 있다. 그런데 일반 강의실 강의에 비하여 온라인 강의가 가지는 가장 취약한 부분이 바로 학습자가 질의를 제기하는 시점과 이에 대한 강사의 답변이 전달되는 시점의 차이에 있다.

당연히 이 기간이 길면 길수록 학습자의 강의에 관한 관심과 집중이 현저히 감소하고 학습 과정에 대한 학습자의 자발적인 참여는 기대하기 힘들게 된다. 그러므로 강의가 진행됨에 따라 해당 분야에 대한 예상 질의와 답변을 미리 준비하여 학습자들이 접근할 수 있도록 하는 것이다.

둘째, 학습자들이 작성한 과제물, 토론, 및 의견 등 모든 종류의 학습 결과물에 대한 적절한 수정 및 지도과정의 활용이다. 아무리 학습 과정을 충실히 이행한 학습자라 하더라도 경험이나 지식이 부족하므로 자신이 생성한 결과물에 대한 확신이 부족할 수밖에 없다.

따라서 학습자들의 오류를 자신 있게 지적하고 더 나아가 이를 수정하여 보완하여 줄 수 있는 절차가 뒤따르지 않으면 학습자와 강사 모두 학습효과에 대한 적절한 모니터링을 기대할 수 없다. 그러므로 강의운영자는 수시로 퀴즈, 과제로 제시한 후 이를 검토하고 오류를 바로 잡아주거나 학습자들 스스로 오류를 파악하여 오류를 수정할 기회를 주어야 한다.

마지막으로 "온라인 도우미"의 활용을 권장한다. 비록 학습자들이 자발적인 의사결정에 의해 학습에 참여했다 하더라도 주위의 간섭 없이 학습의 전 과정을 성실히 참여한다는 것은 상당히 어려울 것이다. 더구나 온라인 강의의 특성상 학습자 스스로 웹에 접속하는 장소와 시간을 결정하고 학습 일정을 계획하여야 하기에 언제든지 과정에 뒤처지거나 중간에 포기하는 사례가 발생할 수 있다.

온라인 도우미를 통하여 학습자들의 학습 과정에 대한 주기적인 점검을 시행하고 학습이 뒤처지는 학습자에게는 전화 및 메일을 통한 상담을 제공하여, 학습자가 혼자가 아니고 학습공동체의 일원임을 느끼게 하는 것이다. 구체적인 역할로는 학습자 개인 학습계획 작성에 대한 지원, 학습 환경에 적응할 수 있는 지원, 전화 및 메일을 통한 진도 관리, 그리고 학습자의 성격과 관심을 파악하여 적절한 학습 커뮤니티를 소개하는 것이 있을 것이다.

라. 온라인 강의에서의 평가 절차

1) 학습평가 과정과 요구되는 기능

 일반적으로 강의자가 강의내용에 대한 학습효과를 평가하는 과정은 크게 세 가지로 설명될 수 있을 것이다. 우선 평가계획을 수립하는 과정이 필요할 것이고 그리고 실제 평가의 실행과정이 뒤따를 것이다. 마지막으로 수집된 평가 결과에 대한 해석과 활용이 요구된다.

 이러한 평가과정을 통하여 강의자는 학습자들이 학습한 내용을 실제 응용할 수 있도록 유도할 수 있고, 심화·보충 학습을 지속할 수 있도록 다음 학습 모듈을 안내하는 것이 가능하다. 이런 점에서는 온라인 강의와 오프라인 강의에서 강의자의 역할에 큰 차이는 없다. 그러나 이러한 역할을 위해 요구되는 강의자의 능력에는 분명히 차이가 있을 것이다.

 기존의 강의에서 강의자에게 요구되는 기능이 주로 효과적인 질문 작성 능력, 학습자들과의 의사소통 능력 및 강의내용에 대한 지식 등이었으나, 온라인 강의에서는 여기에 더하여 강의 인터페이스에 적합한 다양한 평가 도구를 잘 다룰 수 있는 능력과 창의적으로 매체를 이용하는 능력이 부가적으로 요구된다. 또한 온라인 학습 환경의 특성상 학습자와의 면대면 접촉이 불가능하므로 학습자들과의 의사소통 능력이 더욱 절실히 요구된다.

 따라서 강의 운영책임자는 이러한 점을 고려하여 강의자와 솔루션 운영자 간에 충분한 협의와 논의가 진행될 수 있도록 하여야 할 것이다.

2) 학습평가 방법별 특성

온라인 강의에서 학습 결과 평가에 사용되는 방법은 크게 시험, 과제물, 토론, 참여로 나누어진다.

평가 방법	세부 항목
시험	수시 퀴즈, 중간 및 기말시험
과제물	보고서 및 프로젝트 제출
토론	게시판 토론, Q&A 토론
참여	학습 모듈 접속 및 대화방 참여

시험의 경우 시험의 횟수, 시기, 형식에 관한 결정이 필요하다. 온라인 강의에서는 학습자들의 학습 진행 시기가 다양하고 여러 개인 사정으로 인하여 학습 과정이 지연되는 경우가 많으므로 시험을 가능한 자주 여러 번 실시하는 것이 학습효과를 위해서 도움이 될 것이다. 학습자들의 능동적인 참여를 제고하고 단순한 암기보다는 다양한 결론 도출 과정을 유도하기 위해서 논술형 시험의 비중을 높이는 것을 권장한다.

과제물의 경우 온라인 강의의 특성을 가장 효과적으로 활용할 수 있는 평가 방법이다. 온라인 강의에서는 학습자 개인이 얼마나 적극적으로 강의에 참여하느냐에 따라 질적으로 다른 학습 결과를 가져올 수 있는 학습자 중심의 환경이므로 산출평가가 아닌 수행평가로 전환할 필요가 있다.

학습자가 단순히 어떤 지식을 습득하였는지를 측정하는 것이 아니라 더 나아가 과연 문제 해결을 위하여 요구되는 기능과 전략을 제대로 사용할 줄 아느냐에 대한 측정이 필요하다.

3. e학습 기술

가. 학습 기술에 대한 학습이 굳이 필요한가?

학습하는 방법에 대한 학습(Learning to Learn; 학습 기술)은 시대와 장소를 떠나서 중요한 생존 및 성공의 요건으로 여겨지고 있다. 또한 학습 기술은 변화의 속도가 빨라질수록 중요성이 더해지고 있다.

학습 기술은 학습자가 자신의 학습 목표를 정하고 그것을 성취해가는 과정에서 사용하는 여러 가지 방법을 의미한다. 이러한 방법으로는 자기관리, 수업 참여, 과제해결, 시험 보기, 읽기, 쓰기, 정보처리 등의 하위요소들로 구분해 볼 수 있다.

이러한 학습 기술은 엄청난 속도로 증가하고 있는 지식의 양에 비해 인간의 학습 능력은 그다지 크게 발전하지 않기 때문에 점점 관심이 높아지고 있다. e학습 시대가 도래함에 따라 온라인에서 학습 성취도 향상이 중요한 쟁점이 되고 있다.

오프라인에서와 마찬가지로 온라인에서도 학습자의 선호도는 다양하며 개별 학습자의 선호도는 결국 학습 수행에 지대한 영향을 미치게 된다. 하지만 많은 e러닝 프로그램들이 개개인의 선호 학습유형이나 학습 수준 등과 같은 개인차를 반영하지 못하고 있다.

학문적으로 심리학의 발달이 학습 기술에 관한 관심을 높이는데 한몫했다. 행동주의에서 인지주의에 이어 인간공학, 수행공학, 인공지능에 이르기까지 많은 학자는 다양한 학습상황에서 학습자의 학습 능력을 극대화하는 방안에 관심을 두고 연구를 수행해왔다.

많은 학습 기술 훈련이 정보를 습득하는 인지 기술 측면에만 치우쳐 있어, 실제로 적용하고 내면화할 수 있는 과정에 소홀했다. 학업성취는 단순히 학습 기술만 향상해서 성적이 높아지는 것은 아니며 여러 가지 측면, 학습자의 인지적 수준과 학습자의 정의적 특성을 종합적으로 고려해야 한다.

즉, 학습자의 지식습득 능력과 학습 동기 수준은 학습자의 수준에 따라 다른 전략이 동원되어야 하는 것이다. 연구에 의하면 학습 기술에 대한 훈련프로그램은 대체로 중위권 학습자에게 더 효과가 있는 것으로 나타나고 있으며, 상위권과 하위권 학생들은 기술적 훈련보다는 학습 동기와 학습 습관에 대한 훈련이 중요시되어야 하는 것으로 보고되고 있다. 이렇듯 학습 기술은 학습을 보는 관점에 따라 해석이 달라진다.

그러나 우리의 관심은 학습을 행동의 변화로 보느냐 정보를 받아들이는 인지적 과정으로 보느냐 하는 관점의 차이가 아니다. 그것이 무엇이건 간에 e학습 환경에서 학습자의 학습에 도움이 되는 방법은 무엇인가와 어떤 방법이 좋은가 하는 것이다.

Gall은 학습 기술을 "의사는 환자를 치료하는 과정에서 병의 효과적인 치료 방법에 대해 환자를 교육하고, 환자의 적극적인 참여로 의사와 협력하여 질병을 치료하는 동반자로 본다"라고 의술에 비유했다.

나. 학습 기술 습득보다 자기 파악이 우선

학업성취를 위한 학습 기술 훈련 프로그램은 구체적인 학습 기술의 습득뿐만 아니라 학습 동기와 학습 습관 등을 종합적으로 고려해야 한다. 또한 효과적인 학습 기술을 발견하기 전에 깊은 성찰을 통해 자신의 문제가 무엇인지 찾는 과정을 거쳐야 한다. 의사는 환자의 치료에 환자를 적극 동참시키기 위해 병에 대한 정보는 물론 환자의 상태를 자세히 알려주고 (때론 환자의 정서적 안정을 위해 모든 걸 알려주지는 않지만) 환자가 병의 치유에 긍정적인 마음가짐을 갖게끔 노력한다.

학습 기술을 익히기 위해서 즉, 구체적으로 어떤 계획을 세우고 어떤 전략을 활용할 것인가를 결정하기 위해 학습 기술이란 무엇인가를 아는 것도 중요하지만 그보다 자기 자신에 대한 파악이 선행되어야 한다. 자신에게 적합한 최고의 방법을 찾지 않고 남들이 하는 방법을 맹목적으로 따라 한다면 무조건 열심히 공부하는 것과 별반 다를 것이 없다. 그렇기에 먼저 "나는 왜, 어떻게 공부하는가?"에 대한 물음이 선행되어야 한다.

"왜 공부하는가?"에 대답은 "공부는 자기 계발을 위해서 한다. 학습이란 바람직한 방향으로의 행동과 인지구조의 변화이다"라는 정답을 알라는 뜻이 아니라 자기 자신에게 있어 학습, 공부가 어떤 의미를 지니는지 생각해보라는 뜻이다. 전문가들은 이 내용을 글로 써서 항상 마음속에 담아 둘 것을 강조한다.

"왜 공부하는가?" 이유를 생각해보았으면 어떤 마음가짐을 갖느냐가 중요하며 공부를 잘하기 위해서는 자신의 꿈과 목표를 위해 공부를 잘해야 한다는 동기 부여하는 마음가짐을 의식적으로 가져야 한다. 또한 쉽게 포기하지 말고 참고 견디는 인내심을 가져야 한다. 이런 마음가짐을 습관적으로 갖게 될 때 공부를 잘하는 것이 쉬워질 것이다.

자신이 공부를 왜 하는지 구체화 되었다면 자신이 어떤 학습유형을 가졌는지를 파악해볼 필요가 있다. 그러나 지금까지 모든 학습유형이 파악된 것은 아니며 학습자 개개인의 성향이 정확히 일치하는 경우는 없으므로 개인의 학습/인지 양식을 측정한다는 것은 어려운 일이므로 스스로 찾아야 한다. 여기서 David Kolb의 학습유형 연구가 도움이 된다.

다. 학습유형

학습유형은 다양한 모형이 개발되었고 각각의 모형은 학습 과정에서 어떠한 인지적 요소를 강조하느냐에 따라 조금씩 다른 명칭을 사용한다. 하지만 다양한 모형과 학습유형을 구분하는 기준이 다를지라도 공통적인 주장은 이러한 학습유형을 가장 기본적인 개인 차이로 간주하는 것이다. 학습유형은 다양한 진단 도구가 개발되어 있어 이를 적절히 활용하는 것이 좋다.

조벽 교수는 저서인 '새 시대 교수법'에서 학생들의 다양한 학습 스타일을 아는 것이 학습능률을 올려준다고 강조한다. 오랜 강의를 통해 터득한 조벽 교수의 학습유형 분류 중 일부를 참고자료로 소개한다.

1) 적극적인 학습자와 숙고하는 학습자

적극적인 학습자는 활발하게 정보를 이용하여 무언가를 행함으로써, 예컨대 토론하거나 제안하거나 혹은 다른 이들에게 그것을 설명함으로써, 정보를 가장 잘 기억하고 이해하려는 경향이 있다. 숙고하는 학습자는 우선 조용히 그것에 대해 생각하길 좋아한다.

2) 감각적인 학습자와 직관적인 학습자

감각적인 학습자는 사실을 있는 그대로 배우려는 경향을 보이고, 직관적인 학습자는 가능성과 관련성 발견을 선호한다.

3) 시각적인 학습자와 언어적인 학습자

시각적인 학습자는 그들이 본 그림, 도표, 실험 등을 가장 잘 기억한다. 언어적 학습자는 말, 문어적 그리고 구어적 설명으로 된 것을 더 잘 습득한다. 모든 사람은 정보가 시각적인 그리고 언어적으로 두 방법으로 제공될 때 더 잘 학습한다.

4) 순차적인 학습자와 총체적인 학습자

순차적인 학습자는 전 단계로부터 국지적으로 따라오는 각각의 단계를 포함하는, 일련의 단계로 이해하는 경향을 보인다. 총체적인 학습자는 연관성을 보지 않고 거의 마구잡이식으로 자료를 흡수하고 그러고 나서 갑자기 '터득'하는, 매우 비약적으로 학습하는 경향을 보인다.

라. Kolb의 학습 사이클

앞서 예시로 들은 조벽 교수의 학습자 유형 분류는 정보를 인식하고 처리하는 방법에 대한 심리적 선호도에 따라 나타나는 학습자의 학습양식을 오랜 기간의 경험으로 파악한 것이다. 이외에도 학습유형에 대해서는 많은 학자가 다양한 방식으로 분류하고 있으나 성인 학습자를 대상으로 할 때는 David Kolb의 학습 사이클 모형이 많이 활용되고 있다.

Kolb의 학습 사이클은 비교적 완전한 순차적인 학습경험을 가질 수 있다는 장점이 있다. 학습은 경험하기 ⇨ 관찰과 성찰 ⇨ 일반화 ⇨ 새로운 경험의 네 단계를 순환하면서 발전한다고 한다. 선호하는 학습유형을 파악하고 이를 효과적으로 활용하는 것도 중요하지만 Kolb의 학습 사이클을 통해 자신의 학습 선호유형을 확장하는 계기로 삼아보는 것도 좋겠다.

1) 구체적 경험(실용가): Learning by Feeling

새로운 경험에 직면했을 때, 개방적으로 몰입하며 체계적으로 접근하기보다는 느낌에 의존하는 경향이 강하다. 따라서 실제 상황이 포함된 학습이나 상세한 예문을 통한 학습에서 가장 효과적으로 학습을 수행한다. 또한 동료 학습자들과의 상호작용, 특히 유사한 능력을 소유한 학습자들과의 상호작용으로 가장 혜택을 본다.

2) 반성적 관찰(성찰가): Learning by Watching

판단하기 이전에 세심한 관찰을 통해 지식을 이해하며, 객관성과 신중한 판단력을 가지고 학습에 임한다. 또한 강의 유형의 학습상황을 선호하며, 내향적인 경향을 보인다. 즉, 이 단계를 선호하는 학습자의 경우 강의와 같은 형식적 학습상황이 더 적합하다고 할 수 있다.

3) 추상적 개념화(이론가): Learning by Thinking

문제나 상황에 직면했을 때, 분석적이고 논리적으로 접근한다. 자신이 관찰한 결과를 논리 정연하게 통합시키며, 문제를 해결하기 위해 체계적인 계획을 세우고 이론과 지식을 발전시킨다. 학습자는 교사 중심의 이론과 체계적 분석을 강조하는 비개인적인 환경에서 가장 잘 학습하며, 비구조화된 학습 환경에서는 좌절을 겪는 경향이 있다.

4) 능동적 실험(활동가): Learning by Doing

앞서 정립한 이론들은 의사결정하고 문제를 해결하는 데 사용하며, 문제 상황에 대해 실제적인 접근을 하여 문제를 해결한다. 실험을 지향하며, 자신들이 프로젝트, 숙제, 소집단 토론에 참여할 때, 가장 잘 학습한다.

e학습 환경에서도 자신에게 적합한 학습 기술을 연마하고 이를 발전시켜나가는 것이 더 중요하다.

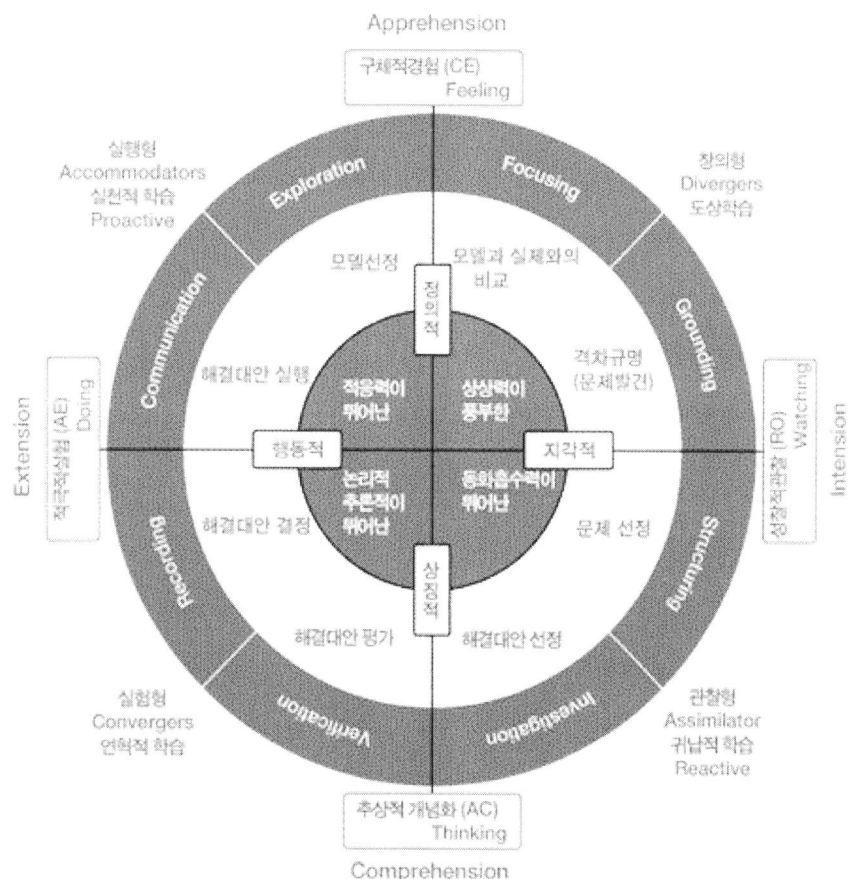

[Kolb의 학습 사이클]

마. 목적에 따라 달라지는 학습 기술

학습 기술을 향상하는 방법을 알아보기 위해서 학습유형 모형, Kolb의 학습 사이클 등 관련성 있는 내용을 알아보았다. 학습유형은 자기 자신을 파악하게 하고 학습 사이클은 자신의 파악은 물론 부족한 부분을 보완할 수 있게 한다.

이처럼 일반적으로 유용하다고 알려진 학습 기술들에서 자신에게 맞는 방법을 발견하고 보완하여 효율적인 방법을 활용하게 하는 데서 중요성을 찾을 수 있다. 물론 그에 따르는 실행이 중요함은 두말할 필요가 없겠다.

성인 학습자의 경우 학생 때와는 달리 학습의 목적의식이 뚜렷하다는 특징이 있다. 사회에 진출하여 성인으로 성장하기 위해 지적, 도덕적, 신체적인 다양한 기본 자질을 배워야 하는 학생에 비해 성인 학습자에게는 단순한 지식의 이해나 시험을 위한 암기보다는 문제해결력이 중시되는 것이다. 자격증이나 시험을 준비하는 때도 문제 풀이 능력이 중요하게 된다.

즉, 학습의 목적에 따라 적용해야 할 학습 기술도 달라져야 하는 것이다. 예를 들어, 필기나 수많은 학습 자료의 정리와 같은 것은 실제로 성인 학습자에게는 그다지 큰 도움이 되지 않는다. 이것은 투자하는 시간과 에너지에 비해 결과에 별다른 이바지를 하지 못하기 때문에 성인 학습자들에게 권장할 만한 것이 아닌데 많은 학습자는 학창 시절의 습관에 의해 처음부터 하나하나 정리하며 공부하려고 한다.

바. 학습 기술의 다양한 구성 요소

 이제 학습 기술은 어떤 것이 있는지 알아보도록 한다. 학습 기술은 보는 관점에 따라 다른 요소들로 구성된다. 학습 기술을 보는 관점은 크게 행동주의적 관점, 인지적 관점, 초인지적 관점의 세 가지로 나누어 볼 수 있다.

 먼저 행동주의적 관점은 주로 학습하는 절차, 방법, 습관 등을 주요한 학습 기술로 본다. 인지적 관점에서는 학습 전략, 사고전략 그리고 정보처리에 관한 관심이 높다. 초인지적 관점에서는 학습 전략을 계획, 조정, 통제하는 능력과 동기 조절 능력을 중시하게 된다.

 즉, 학습 기술은 행동주의의 기술적 관점에 관한 연구 결과를 바탕으로 인지적 관점의 연구 결과까지를 폭넓게 수용하고 있는 개념이라고 볼 수 있으며, 학습자들이 자기 주도적 평생 학습자가 될 수 있도록 하는 데 도움이 된다. 다양한 연구자들의 분류를 살펴보자.

※ 변영계 등(1999)

자기관리 기술	수업 이외의 장소와 공간을 조직하고, 시간을 관리하며 학습과 관련된 스트레스를 관리하는 기술
수업 참여 기술	수업 시간에 참여하여 강의내용을 경청하고, 중요한 내용을 노트하며, 수업 후에 그 내용을 복습하는 기술
과제해결 학습 기술	읽기, 쓰기 과제의 구조 파악, 중요한 정보에 줄긋기, 쓰기에서 주제를 정하고 초안을 쓰는 것 등
시험관리 기술	학습 내용을 검토하고 시험 준비 상태를 점검하며, 시험 치기 요령을 활용하며, 시험과 관련되는 불안에 대처하는 것 등
정보처리 기술	기억을 더 쉽고 확실하게 하도록 시연을 하는 것, 학습 내용을 보다 조직적으로 만들거나 핵심 내용을 부각해 정교화하는 것 등

❖ Tomas G. Devine(1987)

수업 청강 개선 기능	말할 내용의 사전 준비, 영상 기구의 이용, 수업내용에 대한 안내 보기
읽기 과제 이해 기능	개괄하기, 읽기 계획과 목표의 설정, 선행조직자의 이용
수학·과학·문학에서의 학습 기능	
노트하기와 숙제하기	중요한 내용 줄긋기, 개괄하기, 요약하기
문제의 조사와 탐구 기능	도서관과 실험실 이용
보고서 쓰기	여러 관점의 이해, 도표나 그래프 등의 준비, 모형의 제시
시험 치르기	회상하기, 관련짓기, 공부한 내용 망각 방지 등으로 제시

❖ Weinstein, Zimmerman, Palmer(1988)
  (LASSI:Learning and Study Strategies Inventory)

학습에 대한 태도와 동기	성취의 중요성 인식, 수업내용에 가치 부여하기, 교과서 미리 읽어가기, 학습에 흥미 갖기
시간 관리	미루지 않고 공부하기, 쉬는 시간의 활용, 일과의 합리적 조정
시험 치기 기술	시험 질문의 의미 파악, 정확한 시험공부 자료 선택하기, 다양한 시험 문제 유형에 대한 연습
정보처리	관련짓기, 조직화하기, 회상하기
불안에 대한 대처	시험에 대한 불안의 억제, 과제에 대한 염려에 대처하기
학습 보조 자료 활용하기	

❖ Gall(1990)

자기관리 기술	학습 자료와 공간의 조직, 시간 관리, 스트레스 관리, 학습에 필요한 도움 구하기
수업 참여 기술	수업 참여 및 청강하기, 강의내용 노트하기
읽기 기술과 전략	미리 읽기, 요점 정리와 이해, 이해점검과 스스로 질문하기, SQ3R 기법(Robinson 등이 제안한 인문 사회계통의 서적을 학습하는 방법)의 이용
쓰기 기술	쓰기 주제 정하기, 주제 분류하기, 쓰기 계획 세우기, 쓰고 나서 교정하기
시험관리 기술	질문 내용 검토하기, 시험시간 사용하기, 시험 치기 요령, 시험 불안에 대한 심리적 대처 등

사. 성공적인 학습의 공식

학습 기술을 알아보고 있는 최종 목적은 결국 성공적인 학습을 수행하기 위해서이다. 성공적인 학습이 되기 위한 조건은 온라인에서건 오프라인에서건 크게 다르지 않다. 다만 학습 기술의 구체적인 세부 내용에 들어서면 온라인 매체의 특성 때문에 생겨나는 다른 점은 있을 것이다.

시간 관리는 대부분의 우수한 학습자에게서 나타나는 공통적인 사항이다. 이는 비단 학습에 국한되지 않으며 일생의 모든 부분의 성공한 사람들에게 필요한 기본소양이다. 그러나 이보다 선행되어야 하는 것이 동기유발이다. 아무리 정확한 분석에 의한 최적의 학습 기술 훈련프로그램이라 할지라도 학습자가 원하지 않는다면 시간 낭비일 뿐이다. 성공적인 학습이 되기 위한 학습 동기, 기술, 습관에 관한 관계를 다음의 공식으로 표현할 수 있다.

$$\text{성공적인 학습} = \text{학습 동기(태도)} \{ \text{학습 기술(지식)} + \text{학습 습관(행동)} \}$$

결국 성공적인 학습이란 분명한 학습 목표와 자신감을 바탕으로 하여 효율적인 학습 기술에 대한 지식으로 효과적으로 태도와 시간을 관리하는 학습 습관을 지님으로써 이루어질 수 있다. 또한 각각의 요소들은 분명하게 구분되지 않으며 서로 유기적인 작용을 하고 있다.

아. e학습 기술

인터넷의 특성으로 인해 다시 생각해볼 만한 학습 기술 몇 가지 짚고 넘어가도록 한다.

❖ 읽기

많은 지침서가 책을 읽을 때 순서에 따라 꼼꼼히 읽기에 앞서, 빠른 속도로 전체를 훑어볼 것을 권하고 있다. 먼저 전체를 파악한 후 핵심 주제에 관한 질문을 가지고 읽으라는 것이다. 요약하고 넘어가는 것도 필수적이다.

그러나 e러닝에 있어서 가장 크게 변화해야 할 부분이 읽기이다. 인터넷은 엄청난 양의 정보들이 끝없는 하이퍼링크로 이루어져 있으므로 '빠른 속도로 전체를 파악하기'는 불가능해져 있다. 다만 '빠른 속도로 서핑하기'만이 가능할 뿐이다. 이 때문에 인터넷에서 주어진 정보의 개관을 파악하려 하다가는 무한한 정보의 바다에서 허우적거리다 끝나기에 십상이다. 전체를 파악하기보다는 찾고자 하는 주제를 분명히 하고 주제와 관련 있는 정보를 감별해내는 것이 더 중요하다.

❖ 기록하기

필기의 중요성은 수업은 다시 반복되지 않고, 수업의 전체적인 개관을 파악하기 쉬우며 시험과 복습에 활용할 수 있으므로 주목받는다. 더구나 인간의 기억력은 한계가 있어 많은 내용을 잊기 때문에 정보를 기록해놓는 것은 필수적인 기술이다.

그러나 컴퓨터는 인간이 하는 것보다 훨씬 효율적으로 기록할 수 있다.

정보를 저장하는 주요 임무는 컴퓨터에 넘겨주고 아이디어의 기록이나 정보의 연결 등 보조적인 역할에 주력하는 것이 효과적이다.

기억하기

연구에 의하면 들은 것보다는 본 것을, 본 것보다는 말한 것, 그리고 실제로 행한 것을 가장 잘 기억한다고 한다. 이에 따라 기억을 향상하기 위해 기억해야 할 내용을 시각화하고 암송하게 하며 실제로 해보게 한다. e학습에서는 멀티미디어를 활용하여 더 효과적으로 기억에 활용할 수 있다.

학습 참여

학습효과는 실제로 실행해 보았을 때 가장 크다. 꼭 행동으로 하지 못하더라도 적극적으로 학습에 참여할 때 학습 성과는 최대가 되는 것이다. e학습에서는 다양한 보조도구를 활용해 학습에 적극적인 참여가 가능하다. 이메일 및 홈페이지는 언제나 멀리 떨어져 있는 교수자 및 동료들과 연락을 할 수 있게 한다. 화상회의는 고립된 느낌을 없앨 수 있다.

글쓰기 및 과제

보고서의 글을 쓰거나 과제를 만드는 일은 학습의 수행에 매우 중요한 부분을 차지한다. e학습에서는 컴퓨터를 활용하여 더욱 쉽게 글을 쓸 수 있으며 화려한 보고서를 만들 수 있다. 그림이나 애니메이션 등 다양한 매체를 활용하여 e학습에 어울리는 산물을 만들어보도록 하자.

4. 사이버학습 커뮤니티

가. 사이버공간에서의 학습 커뮤니티 전개 모형

　사이버공간이 '스페이스'로서의 단계에 이르는 것이 저절로 이루어지는 것이 아니라 참여자들 간의 상호 의식적 노력으로 인해 그 진화단계를 촉진할 수 있다. 사이버공간에서의 학습 커뮤니티 다섯 단계 전개 모형 역시 이런 전개 과정에 대하여 미리 인식하고 출발할 때, 최종 단계에 도달하기까지의 진행 속도를 가속화 할 수 있으며, 참된 의미에서 사이버공간에서의 학습 커뮤니티라는 최종목표를 경험할 수 있을 것이다.

　사이버공간에서의 수업을 시행하면서 그 수업이 사이버공간의 진화론의 어느 단계이든 공통으로 제기되는 문제점의 하나는 사이버학습에 참여하는 참여자들의 참여가 부진하다는 점이다. 그 이유는 여러 가지를 생각할 수 있겠지만, 앞서 언급한 내용과 연결해서 볼 때, 먼저 생각해 볼 수 있는 것은 '사이버공간'의 속성에 대한 이해 부족에서 비롯된다고 할 수 있다.

　사이버공간에서의 수업은 주로 사이버공간의 진화단계에서 노드나 연결보다는 네트워크와 스페이스 단계를 고려하고 이루어진다. 그렇다면 여기에는 상호교류에 기반을 둔 사회망, 관계망의 형성이 기본으로 전제되어야 할 것이다. 다시 말해 정보의 제공, 생산, 공유라는 측면에 앞서서 관계망 형성이 매우 중요한 전제조건이 되는 것이다.

　이러한 사회적, 감성적 교류에 의한 심리적, 정서적, 사교적 공간으로서의 인식이 성립되고 나서야 비로소 참여자들의 적극적 참여를 유도해낼 수 있으며, 궁극적으로 사이버공간에서의 수업의 최종목표인 '학습 커뮤니티' 형성이 가능하게 되는 것이다.

그렇다면 현실 공간에서의 학습과는 구분되는 사이버공간에서의 학습 커뮤니티는 구체적으로 어떻게 전개되고 어떤 특성을 보일 것인가? Gilly Salmon의 경우에는 사이버공간에서의 학습 전개를 다섯 단계로 제시하고 있다.

1) 접근 및 동기 부여

우선 접근 및 동기 부여 단계의 경우, 사이버 수업에 접속하여 들어왔다는 사실 자체에 대한 환영 메시지를 주는 것으로부터 시작하여, 수업 참여에 대한 동기 부여와 격려를 학생들에게 주고, 그들이 시스템에 대한 기술적 친숙함을 쌓아가는 단계이다.

수업 첫 시간에 오프라인 만남을 통해 학생들이 자신들이 수업할 사이버 수업의 시스템 및 기능에 대하여 익숙할 수 있도록 간단히 할 수 있는 토론 주제를 주고는 온라인 토론을 연습하도록 한다. 흔히 사이버 수업에서 이루어지는 온라인 토론은 연습 없이 쉽게 이루어질 수 있을 것 같지만 이미 인터넷 환경에 매우 익숙한 사람조차 수업환경에서의 온라인 토론에는 익숙하지 않고 심리적 부담감(자신의 글이 그대로 기록되어 남는다는 이유)을 지니고 있다.

따라서 첫 수업에는 사이버 수업에 대한 전반적인 특징, 시스템 기능, 학생들에게 기대되는바 등을 설명한 뒤에 간단한 주제를 갖고 온라인 토론을 연습하면서 자연스럽게 온라인 토론 자체에 대해서 뿐만 아니라 시스템 기능에 대하여서도 익숙해질 수 있도록 한다.

특히, 수업의 첫 단계일수록 이-모더레이터(교강사, 조교, 튜터)의 참여가 상대적으로 매우 필요하다. 학생들이 접속하기 전에 미리 환영 메시지를 남겨놓고, 학생들이 자신들의 소개를 게시판에 올릴 경우, 각 학생에게 답변을 적어줌으로써 사이버공간에서의 상호작용의 모범을 먼저 보여주는 것이 필요하다. 항상 역동적으로 움직이고 있는 상호교통의 장소임을 학생들이 느낄 수 있도록 해야 할 것이다.

2) 온라인 사회화

첫 단계에서 온라인 환경에 대한 기술적 친숙함을 유도한 다음에도 지속해서 존재하고 있을 수업 방식에 대한 불안감이나 어색함을 팀원 간에, 혹은 참여 학생들 간에 정서적 친숙함을 구축할 수 있는 활동을 강조하여, 오프라인상의 사교모임이나 대화와 같은 정서적 친숙함을 쌓아가도록 하는 단계이다.

예를 들어, 자기 소개란에 반드시 자기소개를 올리는 것으로부터 시작하여 자기를 알리도록 하며, 그때 형식적인 내용이 아닌 아주 재미있고 독특하며 조금은 개인적인 상황도 적도록 하여 조금씩 마음을 열어갈 수 있도록 하는 활동을 한다. 그리고 적어도 각 팀원은 서로 빠짐없이 다른 사람의 소개란을 읽고 간단하게나마 답변의 글을 올릴 수 있도록 해야 한다.

첫 번째 접근 및 동기 부여 단계에서와 마찬가지로 이 단계에서도 이-모더레이터는 많은 모범적 역할을 먼저 보임으로서 일종의 모델 역할을 해야 한다. 학생들의 자기소개에 대하여 반드시 간단하게나마 글을 올려놓아서 자신의 글을 누군가 보고 있고 상호작용을 하려고 한다는 것을 인식할 수 있도록 한다.

3) 정보교환

첫 번째 두 번째 단계를 통해 학생들이 사이버 수업에 참여하는 데 필요한 기술적인 친숙함과 학습 커뮤니티 구축을 위한 전제조건으로서의 사회적 관계 형성과 감정적 친숙해지기의 활동을 했다면, 이 단계로부터 본격적인 '온라인 학습 활동'이 이루어지게 된다. 곧, 학습 과정, 과제해결 과정, 그룹 토론 참여 등의 활동이 본격적으로 시작되는 단계이다.

이 단계에서 이-모더레이터가 특히 신경 써야 할 부분은 토론 기술이 제대로 이루어지고 있는지에 대한 것이다. 다른 사람의 글에 대해 답변은 하지 않고 계속 자기 의견만 새롭게 제기하는 방식은 토론이 아니기 때문에 그런 경우가 있는 경우에는 이-모더레이터는 그것을 알려줄 수 있어야 한다. 또한 너무 과도한 정보에 대처하기 위한 요령이나 전략을 제공하기도 하는데, 보통 '중간 요약'이라는 기능을 활용하도록 학생들에게 알려주는 것이 필요하다. 그렇지 않을 경우, 너무 분산적이고 혼란스러운 토론 내용으로 인해 학생들이 짐짓 압도될 수 있기 때문이다.

4) 지식구성

세 번째 단계를 통해 학습 커뮤니티로서의 온라인 학습참여자로서의 자기 모습에 대한 객관적 시각과 거리를 지니면서 스스로 학습 진행 과정이나 결과를 관찰할 수 있게 되며, 나아가 개별적 지식구성에 몰입하게 되는 단계를 일컫는다.

이 단계에 이르면 학생들의 질문은 단순히 정보교환, 정보검색, 제시의 단계를 넘어서서 매우 통찰력 있고 깊이 있는 질문이 제기되기도 하며, 남의 글만 읽는 것이 아니라 토론란에 직접 자신의 글을 올려놓는 일에 좀 더 자신감을 느끼게 된다. 그리고 각 팀에서는 자생적으로 어떤 팀원한 명이 마치 이-모더레이터와 같은 역할을 갖게 되면서 팀을 이끌어가고 그 팀의 팀워크나 독특한 특성을 드러내게 된다. 상대적으로 이-모더레이터 역할을 맡았던 교강사나 조교, 튜터의 역할이 줄어들게 되는 단계이기도 하다.

이 단계에 이르면, 학생들은 더 공개적이며 적극적인 방식으로 서로 간에 교류하기 시작한다. 그들은 자신들의 생각이나 주제에 대해 이해한 바를 공식화하고 이를 기술한다. 그들은 다른 참가자들이 제공한 메시지를 읽고 자주 이에 대한 답변을 줄 만큼 조금은 여유로운 모습을 보여주고, 제시되는 의견에 대한 보다 깊이 있고 진지한 태도를 보이게 된다.

사이버공간에서의 학습이라는 활동에 대하여 일단 기술적, 정서적으로 익숙해지게 되면서, 점차 다른 사람의 글이나 생각에도 관심을 보일 수 있는 여유를 지니게 되는 것이다. 일단 이러한 과정이 시작되면 남의 도움을 받지 않고도 자체적으로 움직일 수 있는 추진력을 얻게 된다. 또한 네 번째 단계에 이르면 위계질서가 거의 사라진다. 이-모더레이터와 참가자들 간의 커뮤니케이션에 수평적 구조가 존재하는 것을 볼 수 있다.

두 번째 단계에서 이루어진 온라인 사회화와 세 번째 단계에서 이루어진 정보교환을 바탕으로 네 번째 단계에서는 더 적극적인 토론 참여와 함께 의견제시가 이루어지며 이에 따라 본격적인 개별적 지식구성의 활동이 나타나게 된다.

5) 발전

이 단계는 온라인 학습의 마지막 단계이자 가장 이상적인 단계로서, 개별적 지식구성을 넘어서 개인의 온라인 학습 과정 참여 결과에 대한 지식을 참여자들 간에 공유한다든지, 혹은 온라인 학습 과정에 참여하면서 쌓은 개별적 경험을 또 다른 사이버 학습상황 혹은 사이버 커뮤니티에 적용하고자 하는 데 관심을 두게 되는 수준에 이르는 단계이다. 이 부분에 이르러서는 사이버학습 전반(학습 과정, 학습 내용, 학습평가, 관련된 기술 및 영향력)에 대해 반추하는 내용이 자주 확인되는 시기이다.

이 단계에 오면 학생들은 사이버학습에 대한 새로운 인식과 경험을 하게 되며, 나아가 이-모더레이터를 포함하여, 거의 아무런 도움이 필요치 않게 된다. 토론이나 시스템의 본질적인 문제에 대해 의문을 제기하거나 좀 더 나은 방식에 대한 제안과 생각을 하기 시작한다.

Palloff & Pratt(2000)에 의하면, 이 단계에서 말하고자 하는 학습 혹은 수업 관련 패러다임 전환의 예는 바로 학생들이 보여주는 '전환 학습(transformative learning)' 곧, 자신의 학습 과정에 대하여 자기 성찰적 의문, 질문, 생각들을 하면서 자신의 학습 관련 생각, 태도, 방식에 대한 인식이 변화, 발전되었음을 나타내는 대화를 통해 확인할 수 있다고 한다.

사이버공간의 진화단계나 그 안에서 이루어지는 학습 커뮤니티의 다섯 단계 전개 모형이나 그러한 단계가 반드시 시간적 흐름에 따라 순차적으로, 그리고 다소 결정론적으로 발생하는 것은 아니다. 학생의 수준과 배경에 따라 이와 같은 단계의 순서는 달라질 수 있으며, 수업의 진행 과정상 서로 다른 단계가 동시적으로 존재할 수는 있을 것이다. 따라서 시간적 흐름에 따른 순차적인 전개라는 의미에서보다는 각각 성격과 특성을 달리하는 다섯 가지의 특징적 단계들이 사이버학습 커뮤니티에서 발견된다.

나. 학습 커뮤니티의 모형단계에 따른 튜터 활동

1) 접근 및 동기 부여

튜터는 학습자에게 수업 참여에 대한 동기 부여와 격려를 통하여 원격교육 연수 시스템에 접근하도록 돕는다. 이때 SNS 및 메일, 문자 등을 통해 계속 학습자를 독려한다. 스마트 미디어 기반의 모바일 인스턴트 메신저를 적극적으로 활용한다.

2) 온라인 사회화

학습자는 온라인 수업의 사회적 환경뿐만 아니라 참여하는 방법을 충분히 인식하기 시작한다. 이 단계에서는 학습자가 일반 면대면 환경에서 온라인 학습 환경으로 성공적인 변환에 적응할 수 있도록 "교량자"의 역할을 해야 할 필요가 있다. 따라서 학습자 간의 정서적 친숙함을 구축할 수 있는 활동들을 강조한다. 예를 들어, 오프라인상의 사교모임이나 '휴게실' 같은 공간을 마련하여 친숙함을 유도한다.

3) 정보교환

이 단계로부터 본격적인 온라인 학습 활동이 이루어지게 되며, 여기서 튜터는 학습자가 원하는 정보를 찾고 확인하는 데 있어서 학습자를 돕는 지원자 또는 조력자로서 활동한다.

4) 지식구성

지식구성의 단계에 이르게 되면 튜터와 학습자는 협력을 통해 새로운 의미를 창출한다. 학습자는 이 단계에 이르면 보다 공개적이며 적극적인 방식으로 서로 간 교류를 하기 시작하고 보다 심화한 질문을 제기하기도 한다. 토론된 내용을 학습된 개념 및 이론과 관련지어 제시하고, 토론이 논점을 벗어났을 경우 새로운 주제를 제시한다.

5) 발전

이 단계에서는 학습자는 온라인에서 독립적으로 된다. 튜터가 매체를 통하여 학습자가 자신의 개발을 지속하도록 촉진하는 것이 필요하다면 격려와 접근 방법들을 제공한다. 튜터는 학습자가 점점 더 스스로 할 수 있게 됨에 따라 학습자에게서 점차 빠져나온다.

제4부
K-이러닝 품질 관리

1. K-MOOC 콘텐츠 개발 지침
2. K-MOOC 강좌 운영 참고사항
3. 한국U러닝연합회 콘텐츠 품질인증

현재 국가적인 차원에서 운영되고 있는 K-MOOC 콘텐츠 개발 지침과 국내 최초로 민간 차원의 콘텐츠 품질인증 체제 소개를 통해 K-이러닝 품질관리 현황과 전망을 모색해보고자 한다.

1. K-MOOC 콘텐츠 개발 지침

가. 콘텐츠 개발 지침의 취지

강좌 개발·운영에 대한 필수 요건을 확인 함으로써 K-MOOC 강좌의 최소 기준을 확인하고 검수를 통하여 오류를 최소화하고 품질관리 능력을 향상할 수 있다. 권장 사항과 우수사례를 확인하여 지속적인 강좌 질 관리를 위해 노력해야 한다.

나. 지침의 구성

강좌 개발·운영에 참여하는 기관이 고려해야 할 전반적인 사항을 확인할 수 있도록 구성되어 있으며 '필수'사항과 '권장'사항, '설계', '개발', '검수', '운영' 과정으로 구분하여 단계별 참고사항을 제공한다.

다. K-MOOC와 질 관리

K-MOOC는 2015년 이후 참여 기관 및 강좌 수의 확대를 통하여 양적인 성장을 이루었으며, 앞으로는 질적인 성숙을 도모해야 할 단계이다. 세계적으로 MOOC의 질적 성숙을 위한 다양한 커뮤니티와 연구모임이

조성되어 운영되고 있으나, 국가적 차원에서의 MOOC를 위한 품질관리 체계 및 전략은 아직 마련되어 있지 않다.

몇 국가에서는 기존의 온라인교육 및 이러닝을 위한 품질관리 관점을 MOOC에 도입하고 있으며, MOOC 플랫폼과 참여 기관들은 각자의 질 관리 지침을 구축하여 제공하고 있다. MOOC의 질 관리는 학습자들에게 가치 있는 학습경험을 보장하고, MOOC 제공기관이 설정한 목표에 도달하는 데 필수적이다.

향후 K-MOOC의 질을 높이기 위하여 다음과 같은 측면을 더욱 고민해야 할 것이다.

첫째, 양질의 학습경험을 제공하기 위하여 다양한 교수 모형 및 교수 전략을 고안하는 한편, 학습자들의 자발성, 다양성, 개방성, 상호작용성 등을 고려하여 진화된 교육 모델을 구현해야 할 것이다.

둘째, 이수율을 높이기 위하여 학습자의 학습 의도와 동기에 관한 관심을 가질 필요가 있으며, 학습 편의를 높이기 위해 노력해야 할 것이다.

셋째, 국가적 차원에서 개발되는 강좌인 만큼 장애인뿐만 아니라 일반인도 어떠한 학습 여건에서도 어려움 없이 학습할 수 있도록 돕는 웹 접근성, 보편적 학습 설계에 대한 지속적인 관심이 필요하다.

1) 기관 차원에서 고려해야 할 MOOC 질 관리 체계

- 기관은 MOOC를 위한 포괄적 전략을 가지고 있는가.
- 기관은 양질의 MOOC를 개발하기 위하여 지속해서 교육과 기술과 관련된 발전 동향을 연구하고 모니터링하고 있는가.

- 기관은 지속할 수 있는 MOOC를 위한 일련의 비즈니스 모델 혹은 전략을 마련하고 있는가. 이는 해당 기관의 미션과 부합하는가.
- 기관은 접근성, 지식재산권, 데이터 보호 등 MOOC의 사회적, 윤리적 측면을 고려하고 있으며 이를 위한 규정을 마련하고 있는가.
- 기관은 자체적으로 질 관리 정책을 마련하고 있으며, 이는 MOOC의 방향성과 연계되는가.

2) 단일 강좌 차원에서 고려해야 할 MOOC 질 관리 체계

- 지식과 기능적 측면에서, 학습성과에 대한 명확한 진술을 제공한다.
- 학습성과, 강좌 내용, 교수학습전략, 평가 방법 간에 합당한 일관성이 있도록 한다.
- 각 강좌 활동은 학습자들이 스스로 학습을 구성해나가고, 다른 학습자와 소통할 수 있도록 지원한다.
- 강좌 내용은 관련성 있고, 정확하며, 최신의 것으로 구성한다.
- 강좌를 제작하고 전달하는 관리자는 해당 업무를 성공적으로 실행할 수 있는 기술과 경험을 보유해야 한다.
- 각 강좌 요소들은 공개 라이선스(Open license)가 되도록 정확하게 출처표시를 하도록 한다. 학습자료의 재사용은 포맷과 기준에서 적절한 선택이 뒤따라야 한다.
- 강좌의 형태, 제공 및 접근방식과 관련하여 표준화된 기준을 따르도록 한다.
- 강좌는 학습자의 활발한 참여를 유도하도록 학습자-학습 내용, 학습자-학습자 간 상호 작용을 충분하게 포함하도록 한다.
- 강좌는 학습자에게 자기평가활동, 테스트, 동료피드백 등을 통하여 지속적인 피드백을 제공하도록 한다.
- 강좌는 학습의 결과로써 이수증 수준에 적합한 형성 및 총괄평가를 균형 있게 제공하여 평가가 이루어지도록 한다.

- 평가는 분명하고, 공평하고, 타당하고, 신뢰할 수 있어야 한다. 이수증 수준에 적합하도록 모방이나 표절에 대한 대응 방안이 마련되어야 한다.
- 학습 내용은 관련자들로부터 피드백을 받아 지속해서 검토, 갱신, 개선하도록 한다.

2. K-MOOC 강좌 개발 운영 참고사항

가. 설계

1) 학습 내용

양질의 강좌 설계를 위하여 먼저 강좌의 목적과 목표를 고려하여 적절한 학습 내용을 선정하고 구성한다.

학습 목표 달성에 이바지할 수 있는 학습 내용을 선정한다. 최신의 정보 및 경향을 포함하며 전체 학습자료, 활동, 평가를 일관성 있게 구성한다.

❖ **필수**

☑ 정확성
학습 내용이 오타나 오류 없이 정확한 정보를 담고 있는가?

☑ 윤리성
학습 내용이 종교, 지역, 이념, 성, 계층, 다문화가정 등과 관련하여 윤리적으로 문제가 없는가?

❖ 권장

☑ 타당성
학습 내용이 강좌의 목적에 맞게 타당하게 선정·조직되었는가?
☑ 구체성
학습 내용이 이해하기 쉽게 구체적으로 표현되었는가?
☑ 학습 수준
학습 내용의 난이도가 대상 학습자의 수준에 적합한가?
☑ 학습 분량
학습자가 성공적인 학습 경험하며 학습을 완료할 수 있도록 적절한 학습 분량으로 구성하였는가?

✓ MOOC에 적합한 학습 분량은 어느 정도인가?
학습자의 주의집중 시간을 고려하여 강의 자료를 가능한 한 작게(예 : 15분 내외) 나누어 제공할 것을 권장한다.

2) 교수설계

강좌의 목적과 목표를 고려하여 최적의 내용 구성 및 교수-학습 방법을 체계적으로 계획하고 구체화하는 단계이다.

하나의 주제(주차, Sections)는 1개 이상의 소주제(차시, Subsections)로 구성하고, 하나의 소주제는 다양한 형태의 학습 요소(유닛, Units)로 구성할 것을 권장한다. 소주제별 학습 요소는 학습자가 몰입할 수 있고, 자율적이고 주체적으로 학습해나가는 데 도움이 될 순서와 구조로 설계한다.

좋은 강좌는 좋은 학습 목표를 세우는 것에서부터 시작된다. 좋은 학습 목표는 분명하고 명확하며 도전할만한 가치를 보여줄 수 있어야 하며, 강좌를 학습한 후 무엇을 할 수 있는가에 대해 구체적으로 안내한다.

교수자 중심의 수직적, 일방적, 전달식 학습이 아닌 학습자 중심의 능동적, 창의적 학습을 촉진할 수 있는 다양한 교수·학습전략을 개발·활용하도록 한다.

다양한 학습 요소는 내용 제시형, 수행형, 연결형이 있다.

내용 제시형 학습 요소는 텍스트를 읽거나 동영상을 보면서 학습자가 지식을 흡수하도록 하는 유형이다. 학습자에게 정보를 제공하고 지식을 효율적으로 확장하고자 할 때, 학습 동기가 높은 학습자들에게 최적의 전략이다. 프레젠테이션, 동영상 강의, 읽기 자료, 시연 및 현장 방문 유형을 예로 들 수 있다.

수행형 학습 요소는 학습자가 배운 것으로 무엇인가를 수행해보게 하는 유형이다. 학습한 내용을 실생활에 적용할 수 있도록 돕고자 할 때, 호기심을 유발하여 동기유발을 시키고자 할 때, 습득해야 할 정보의 가치를 분명히 하고자 할 때, 탐색·발견에 의한 학습을 유도할 때 적용하면 좋다. 연습 및 피드백, 실습(실험, 시뮬레이션), 토론 및 협력학습 유형을 예로 들 수 있다.

연결형 학습 요소는 학습자가 배운 것을 업무나 삶, 혹은 이전 학습경험과 연결하도록 하는 유형이다. 응용이 매우 중요한 상황, 응용이 적절히 이루어지고 있지 않은 상황, 학습자들이 학습 내용의 응용 가능성에 대하여 의구심이 들고 있는 상황, 학습자들이 스스로 연계 활동을 할 수 없는 상황에 적용하는 것이 좋다.

❖ 필수

☑ 학습 목표

MOOC 이수를 통해 이루고자 하는 성과 및 학습 목표가 구체적으로 제시되어 있는가?

❖ 권장

☑ 교수학습 전략

학습 목표를 고려하여 적절한 교수학습 전략을 설계하였는가?
학습 목표를 고려하여 다양한 학습 요소를 포함하여 설계하였는가?

☑ 동기유발

학습자의 학습 동기를 유발하고 지속해서 학습에 집중할 수 있도록 유도하기 위한 전략을 수립하였는가?

✓ 좋은 학습 목표란 무엇인가?

잘못된 사례	적절한 진술 방법
본 강좌를 학습하고 나면 갈등 관리 문제를 해결하는 방법에 대해 잘 알게 될 것입니다. → 쉽게 확인하기 어려운, 모호한 목표를 진술	이번 모듈의 학습활동을 완수한 학습자는 다섯 가지 갈등 관리 기법에 대하여 설명할 수 있게 될 것입니다.
이번 장에서는 세 가지 학습 이론의 기본적인 차이점과 유사점을 설명할 것입니다. → 학습자가 아닌 교수자, 교수 활동 중심으로 진술	이번 모듈의 학습활동을 완수한 학습자는 세 가지 학습 이론의 기본적인 차이점과 유사점을 구체적으로 진술할 수 있게 될 것입니다.
빅데이터를 활용해야 하는 10가지 이유 → 학습 목표가 아닌 주요 학습 내용에 대하여 진술	이번 모듈의 학습활동을 완수한 학습자는 빅데이터를 활용해야 하는 10가지 이유에 대하여 제시할 수 있게 될 것입니다.
스타트업의 비즈니스 모델에 관한 내용을 다룰 것이다. → 학습 목표가 아닌 학습 내용이 포함하고 있는 활동에 대하여 진술	이번 모듈의 학습활동을 완수한 학습자는 스타트업의 비즈니스 모델을 개발할 수 있게 될 것입니다.

3) 상호작용

학습자의 학습활동 및 참여를 증진하고 학습자의 반응을 끌어내기 위해 학습자, 교수자, 학습 내용 간 등 다양한 상호작용 활동은 중요한 요인이다.

학습자와 교수자(운영튜터 포함) 간 상호작용을 위해 다양한 전략(피드백, 의사소통, 자료공유)을 수립하고 K-MOOC 플랫폼의 토론방 및 이메일, SNS와 같은 도구 활용 등 다양한 방법을 찾아 적용해 본다.

학습자와 학습자 간 상호작용을 위해 다양한 전략(토론, 투표, 의견교환, 지식 교환, 자료공유)을 수립하고 K-MOOC 플랫폼의 토론방, 위키, meet up, 이메일, SNS와 같은 도구 활용 등 다양한 방법을 찾아 적용해 본다.

학습자와 학습 내용 간 상호작용을 위해 학습자가 학습 내용을 쉽게 이해하고 받아들일 수 있도록 학습 내용 중간마다 문제 풀이 등 다양한 활동을 설계한다. K-MOOC 플랫폼은 Problem set이나 외부 학습자료 업로드 및 링크 등 다양한 학습자원의 제공으로 학습 내용과 학습자가 상호작용을 하도록 만들어져 있다.

❖ **권장**

☑ 학습자-교수자
학습자와 교수자간 상호작용을 촉진하기 위한 전략을 수립하였는가?
☑ 학습자-학습자
학습자와 학습자간 상호작용을 촉진하기 위한 전략을 수립하였는가?

4) 학습 지원

학습자의 원활한 학습을 도울 수 있는 효과적인 지원내용 및 기능을 제공해야 한다. K-MOOC 플랫폼에서 제공하는 학습 지원 기능을 활용하여 학습자가 불편함 없이 학습을 진행할 수 있도록 한다.

학습에 앞서, 강좌의 기본정보를 제공한다. FAQ와 질문·제안·문제점을 보고할 수 있도록 지원할 수도 있으며 K-MOOC 플랫폼은 학습 현황을 점검할 수 있는 진행 상황 메뉴를 제공한다.

권장

☑ 학습 지원
학습자의 원활한 학습과 성공적 이수를 돕기 위한 학습 지원 전략을 수립하였는가?

5) 평가

평가는 학습자가 학습 목표를 어느 정도 달성했는지 점검하는 데 필수적인 요소이며, 학습자의 참여를 유도하고 적합한 피드백을 줄 수 있는 대표적인 방법이다.

학습 목표와 교수·학습 활동 및 방법과 일관성이 있는지 평가한다.

학습자가 강좌를 수강하는 데 필요한 지식 및 능력을 확인하고 수강 여부를 판단할 수 있도록 진단적 사전평가를 제공하고 형성평가와 총괄평가 모두 제공할 것을 권장한다.

형성평가는 학습 과정에서 학습자가 주차별 학습목표에 따라 성공적으로 학습하고 있는지 점검하기 위하여 실시하는 평가이며, 총괄평가는 한 단위의 학습과제 혹은 한 강좌가 끝났을 때 정해진 수업 목표의 달성 여부를 종합적으로 판정하기 위하여 치르는 평가이다.

 다양하고 많은 학습자를 수용할 수 있어야 하며, 시험(중간고사, 기말고사, 퀴즈), 과제물(보고서, 리포트, 프로젝트, 탐구과제), 참여(출석, 토론 참여 횟수), 토론(온라인 토론, 게시판 토론, 토론 리포트), 기타(포트폴리오, 실험/실습, 발표, 사례연구) 평가도구를 적절하게 적용해 본다.

 O/X, 단답형, 선다형, 서술형 등 여러 유형의 시험 문제를 생성·관리할 수 있는 문항 관리 및 문제 출제 시스템을 활용할 수 있다. 개인 의견 기술이나 과제 등 서술식 평가에서 모범답안이나 서술내용에 대한 명확한 평가 기준을 준비한다. 각 평가 방법 및 평가 결과마다 적합한 피드백(평가 점수, 오답에 대한 해설)을 적시에 제공한다.

❖ 권장

☑ 평가 요소
 학습 목표를 고려하여 적합한 평가를 설계하였는가?
☑ 평가 방법
 학습 전반에 걸쳐 학습 내용에 대한 형성평가가 이루어지도록 설계하였는가?
 최종적으로 학습 목표 달성 수준을 확인하기 위한 총괄평가를 설계하였는가?
☑ 피드백
 각 평가 요소별로 적합한 피드백을 제공하고 있는가?

나. 개발

1) 동영상

　동영상은 MOOC의 가장 주요한 학습 요소이므로 동영상 콘텐츠 개발할 때는 반드시 모듈화에 대한 고민이 먼저 이루어져야 한다. 전체 내용을 어떻게 나누어 제시할지 많은 고민이 필요하다.

　동영상의 화면으로 제시되는 정보와 음성으로 제시되는 정보가 일치되도록 한다. 시각 또는 청각 장애 학습자와 그렇지 않은 학습자가 같은 동영상을 통해 학습했을 때, 최대한 같은 수준으로 정보를 받을 수 있도록 해야 한다. 또한 색맹인 학습자나 색깔을 보여주지 못하는 학습기기를 사용하는 학습자를 위해서, 색깔로서 정보를 분별하거나 확인할 수 있는 학습자료는 지양해야 한다.

❋ 필수

☑ 동영상 재생 상태
　일관되고 적절한 수준의 동영상과 오디오 품질을 유지하는가?
☑ 동영상 자막
　모든 동영상은 자막을 제공하고 있는가?
　모든 자막은 동영상과 잘 맞게 제시되는가?

✐ 권장

☑ 동영상 길이
　학습자의 주의집중 시간을 고려하여 적절하게 나누어 제시하고 있는가?

MOOC에 적합한 동영상 제시 전략과 함께 활용할 수 있는 학습활동 요소에 대하여 살펴보자.

❖ 교수자 얼굴 위주 촬영 비디오

평범한 스타일, 일반적으로 스튜디오에서 촬영하며 화면에 나오는 사람과 학습자 사이의 친숙한 관계를 형성하기 위해 이용된다.

☑ 체크 사항
- 오디오 파일만 제공하는 것에 비하여 어떠한 유익이 있는가?
- 교수자의 개성이 잘 드러나는가?

❖ PPT와 슬라이드와 오디오

슬라이드를 전체 화면으로 보여주고 오디오를 더하는(voice-over) 방식 정보를 강조하거나 학습자의 주의를 특정 세부 사항에 집중시키기 위하여 활용한다.

☑ 체크 사항
- 오디오는 슬라이드의 내용을 적절하게 보조해주고 있는가?
- 슬라이드 화면은 알아보기 쉬우며, 시각적으로 매력적인가?

❖ 화면 속 화면(Picture-in-Picture)

슬라이드와 교수자를 동시에 보여줄 수 있다.

☑ 체크 사항
- 슬라이드와 교수자를 동시에 보여주어야 할 합당한 이유가 있는가?
- 교수자와 슬라이드 화면 중 학습자들이 집중해야 할 부분이 어디인지 어떻게 안내할 것인가?
- 텍스트와 작은 그림 등이 휴대 기기를 통해서 시청하더라도 문제가 없겠는가?

텍스트 오버레이(Text Overlay)

 글 또는 그래픽이 동영상 위에 제시되며, 주요한 내용을 요약하거나, 키워드를 강조하고, 논의되고 있는 주제를 가시화하는 데 이용할 수 있다.

☑ 체크 사항
- 텍스트 오버레이는 이해를 돕고 있는가? 혹은 학습자의 주의 집중을 방해하는가?
- 텍스트 오버레이에 제시된 내용의 분량이 적절한가?

판서(Actual Paper/Whiteboard)

 디지털 태블릿 캡처에 대한 대안적 방식으로 똑바로 세워진 화이트보드나 책상 위에 올려놓은 종이를 오버헤드 카메라로 촬영하는 방식이다.

☑ 체크 사항
- 칠판 위의 내용을 학습자가 쉽게 읽을 수 있는가?
- 내용을 칠판에 담으면서, 그 내용이 모호해지지는 않았는가?

❖ 디지털 판서(Tablet Capture)

판서를 교수자의 음성과 실시간으로 맞춰 녹음하는 방식이다. 판서는 교수자의 의도를 충분히 나타낼 수 있고 설명의 흐름에 맞춰서 표현할 수 있으며, 빠른 수정이 가능하다. 자연과학의 개념 설명, 수학의 문제풀이 등에 적합하다.

☑ 체크 사항
- 판서가 잘 알아볼 수 있게 작성되었는가?
- 교수자가 단계적으로 설명하는 방식이 학습자에게 이해하기 쉬운가?

❖ 화면캐스트(Screen-cast)

기존 자료를 컴퓨터 화면에 실행하면서 교수자의 음성과 함께 캡처하는 방식으로 별도의 온라인 자료가 없어도 동영상 콘텐츠를 만들 수 있다. 프로그래밍 교육이나 컴퓨터 프로그램을 활용한 시뮬레이션 교육 등에 적합하다.

☑ 체크 사항
- 학습자가 화면에 제시되는 단계들을 쉽게 따라갈 수 있는가?
- 학습자가 그들의 주의를 화면의 어느 곳에 집중해야 하는지 안내하는가?

❖ 애니메이션(Animation)

 추상적인 개념과 관계 등을 시각화하는 데 유용하며 매우 간단한 것에서부터 아주 정교한 것까지 그 범위는 다양하다.

☑ 체크 사항
- 애니메이션의 제작비용을 고려했을 때 그만한 교육적 가치가 있는가?

❖ 교실 강의 촬영 유형(Classroom Lecture)

 면대면 수업 장면을 촬영하고 이를 편집하여 콘텐츠를 만드는 것이다.

☑ 체크 사항
- 학습자에게 어떻게 강의에 몰입할 수 있도록 도울 것인가?
- 온라인 학습자들이 현장의 학습자에 비하여 소외되거나 관찰자라는 느낌을 받을 위험은 없는가?

❖ 세미나 촬영 유형(Recorded Seminar)

 주로 교수자와 현재 또는 과거의 강좌 학습자들이 함께하는 세미나 토론을 촬영하는 것이다. 학습자들에게 그들이 다른 학습자들과 교실 안에 함께 있다고 느끼게 하는 데 유용하다.

☑ 체크 사항
- 세미나가 다소 비구조적이거나 또는 너무 대본을 읽듯 진행되어 복잡하거나 어색하지는 않은가?

- 학습자들이 세미나 참여자라는 느낌을 받겠는가 아니면 동떨어져 있다는 느낌을 받겠는가?

❖ 인터뷰 유형(Interview)

특정 분야의 외부 전문가를 참여시키는 방법으로 관련한 주제에 대한 전문가들의 의견과 생각을 접할 기회를 제공할 수 있다.

☑ 체크 사항
- 인터뷰 질문들은 잘 구조화 되어 있고, 유의미한가?
- 인터뷰를 통하여 학습자들이 다른 곳에서는 얻기 어려운 생각들과 논의를 담아내는가?

❖ 대화 유형(Conversation)

교수자와 게스트가 특정 주제에 대한 비 격식적인 대화하는 모습을 촬영하며 일반적으로 대본이 없는, 실제의 대화를 촬영하여 몰입을 유도한다. 강좌 주제 및 토론에 대해 성찰해보는 하나의 방법으로 이용할 수 있다.

☑ 체크 사항
- 대화 주제가 학습자들을 자극하고 흥미롭게 하는가?
- 비 격식적인 동영상의 활용은 학습에 어떠한 유익을 가져다주는가?

라이브 영상 유형(Live Video)

 교수자의 꾸미지 않은 생생한 모습을 라이브로 촬영하는 방식으로 교수자가 강좌 내의 자신의 존재감을 형성하는 데 도움을 줄 수 있다. 구글 행아웃 서비스 등은 외부 전문가를 참여시키는 데 유용하며 학습자들에게 그들의 질문에 대한 답변을 실시간으로 들을 기회를 제공한다.

☑ 체크 사항
- 안정적이고 빠른 인터넷 연결망을 갖추고 있는가?
- 좋은 품질의 마이크와 오디오 장비를 갖추고 있는가?
- 라이브 방송 일정이 학습자들의 다중 표준시에서 적합한 시간대로 잡혀 있는가?

웹캠 캡처 유형(Webacam Capture)

 상대적으로 제작비용이 적고, 웹캠에 쉽게 접근해 이용할 수 있다. 교수자 얼굴 위주 촬영유형(Talking Head)과 비슷하지만, 보다 비 격식적이며 스튜디오 촬영이 아니다.

☑ 체크 사항
- 양질의 영상을 제작할 수 있는 해상도의 웹캠을 갖추고 있는가?
- 주위 배경이 주의를 분산시키지는 않는가?
- 조명과 오디오 장치는 적절한 수준을 갖추고 있는가?

❖ 시범 유형(Demonstration)

학습자들에게 개념, 활동의 과정 등에 대해 단지 설명을 듣게 하는 것이 아닌, 직접 볼 수 있도록 지원한다. 학습자들에게 인공물, 예술, 기구 등에 특별한 접근 기회를 제공해준다. 학습자들에게 다른 경위를 통해서는 보거나 직접 해볼 수 없을 실험을 보여주는 데 매우 유용하다.

☑ 체크 사항
- 학습자들이 시범의 모든 절차와 결과들을 충분하게 볼 수 있는가?
- 시범을 보이는 모습을 촬영하는 것이 그것에 대해 설명해 주는 것보다 좋은 것인가?

❖ 현장 촬영유형(On-Location)

학습자들이 직접 방문하기 어렵고, 기존에는 얻지 못했던 새로운 관점으로 대상을 바라볼 기회를 제공하며 통제되지 않는 촬영 주변 환경은 위험 요소로 작용할 수 있다.

☑ 체크 사항
- 학습자들이 시범의 모든 절차와 결과들을 충분하게 볼 수 있는가?
- 시범을 보이는 모습을 촬영하는 것이 그것에 대해 설명해주는 것보다 좋은 것인가?

❖ 가상스튜디오

 방송 제작 기술의 일종으로 영상을 합성하는 것을 의미하며 이러닝 콘텐츠 및 MOOC 과정 제작에 널리 사용된다. 크로마키(푸른색 혹은 녹색의 배경) 세트에서 촬영을 진행한 후, 다른 영상이나 이미지를 합성한다. 실제 사건, 환경, 실제 상황을 다룬 영상, 실사 사진 등의 배경에 교수자의 영상을 결합한 형태로 실재감과 현장감 있는 강의가 제공된다.

☑ 체크 사항
- 교수자는 스튜디오에서 필요한 액션을 해낼 능력이 있는가?
- 그린 스크린을 사용해야 할 충분한 가치가 있는가?
- 배경에 의해 학습자들의 주의가 빼앗기는가, 아니면 학습자들의 학습경험에 이바지하는가?

2) 동영상 인코딩

동영상 코덱 및 인코딩 권장 사양에 맞춰 동영상을 제작한다.

구분	내용
컨테이너	avi, mov, mp4, mkv, wmv, MPEG, flv, ogg, PCM 등을 모두 지원하며, avi, mov 포맷을 권장함
오디오 코덱	오디오 출력 : 44100Hz이상 스테레오 채널을 권장함
동영상 코덱	MPEG-1, MPEG-2, MPEG-4, OGG 등 멀티 코덱을 지원함
프레임 속도	프레임(Fps) : 30Fps
해상도 및 가로세로 비율	720P를 권장 (K-MOOC의 동영상 해상도 720P) - 720P 미만의 영상 등은 화면 화질이 다소 떨어짐 - 16:9(1280x720 이상) 비율의 영상이 아닌 경우 플레이어 상하 또는 좌우 영역에 Black 화면이 구성될 수 있음

[동영상 코덱 및 인코딩 권장 사양]

3) 기타 자료

오디오는 일반적인 모든 형식(MP3, WAV 등)으로 업로드가 가능하며 일반적으로 스트리밍 방식으로 제공된다. 오디오 품질은 44.1khz, 16비트, 스테레오여야 한다.

플랫폼은 헤더, 굵은 글씨, 이탤릭체, 글머리 기호 목록, 번호 목록, 구획 인용, 하이퍼링크 등의 간단한 서식 설정을 이용한 텍스트 자료를 지원한다. 텍스트 자료의 경우 JPG나 PNG 형식의 '대표 이미지' 하나를 지원하는데, 이 이미지는 크기가 자동으로 조절된다.

❖ **필수**

☑ 텍스트
  모든 텍스트 자료는 오류 없이 적절한 품질을 갖추고 있는가?
☑ 이미지
  모든 이미지 자료는 오류 없이 적절한 품질을 갖추고 있는가?

❖ **권장**

☑ 문서 자료
  모든 문서 자료는 오류 없이 적절한 품질을 갖추고 있으며, 다운로드가 가능하도록 지원하고 있는가?

4) 저작권

✎ 필수

☑ 저작권

해당 강좌는 포함하고 있는 모든 콘텐츠와 관련된 저작권 문제를 해결하였으며, 국제저작권 표시 방법을 준수하고 있는가?

기본적으로 강좌에 삽입된 자료는 반드시 출처를 명시해야 하며, 인용한 모든 저작물에 대해 정확한 정보(출처, 저자, 일자 등)를 국제저작권 표시 방법을 준수하여 표시한다.

어문 저작물 출처표시 방법은 해당 분야의 관행에 따른다. 대표적인 출처표시 방법은 일반적인 문헌상의 출전 표기(주(註, Note), 주석(註釋)) 방식이다.

저자명, 작품제호, 서적/잡지명과 권호, 출판사, 발행연도, 페이지 기재

그림, 사진, 시 등과 같이 단일 저작물의 경우 저작자의 성명, 저작물의 제목, 발행 또는 공표 연도를 표시해주고 동영상으로 이루어진 콘텐츠는 동영상 자체에 표시한다. 인터넷상의 공개된 이미지를 사용하는 경우 해당 이미지의 출처를 표시할 의무가 발생한다.

폰트(font) 파일은 컴퓨터 프로그램 저작물에 해당하여 저작권법에 따른 보호를 받는다. 강좌 개발에 사용하는 폰트는 무료 폰트 또는 합법적인 절차를 거쳐 구매한 유료 폰트를 사용해야 하며 모든 폰트에 대해 폰트 저작권자가 정한 이용 범위를 확인하고 저작권의 위배 여부를 검토한다.

강좌 개발 때, 자유 이용이 가능한 저작물인지 확인하고 사용한다. 자유 이용이 가능한 저작물은 크게 국내 공공누리 저작물과 CCL 저작물이 있다. 공공누리 저작물 및 CCL(Creative Commons License) 저작물을 사용하고자 할 때 유형별 이용범위를 확인하고 유형별 요구사항을 준수한다.

다. 검수

제작 완료된 강좌를 플랫폼에 등록하고 테스트하는 과정이다.

❖ 필수

☑ 최종검수
　강좌 개발 결과에 대한 K-MOOC 콘텐츠 품질관리위원회의 최종검수 결과를 검토하여 수정요청·권고사항을 반영하였는가?
☑ 사전테스트
　K-MOOC 플랫폼에 탑재된 콘텐츠가 오류 없이 잘 동작하는지 확인하였는가?
　학습관리시스템과 학습 지원 도구의 기능이 정상적으로 작동하는지 확인하였는가?

❖ 권장

☑ 사전테스트
학습자들의 이용자 테스트 및 모니터링 결과를 확인하였는가?
☑ 자체 검수
　점검표를 기반으로 K-MOOC 강좌에 대한 자체 검수를 수행하였는가?

1) 자체 검수

 양질의 강좌 개발을 위하여 참여 기관이 자율적으로 K-MOOC 강좌에 대해 검수한다.

 자체 검수는 강좌 개발 이후에 일괄적으로 이루어지는 업무가 아닌, 강좌 설계·개발·운영의 전 과정에서 순환적으로 이루어지는 업무이므로, 참여 기관에서는 단계별 검토위원회 등을 개최하여 수시 검수가 이루어지도록 한다.

 검수 및 테스트 시 기준이 되는 도구(원고, 교수설계, 제작 기술, 콘텐츠 품질, 사용성 평가 등에 관한 점검표)를 개발하여 체계적으로 검수할 수 있도록 한다. K-MOOC 콘텐츠 품질관리위원의 사전검수 결과의 수정·보완 요청 사항 들을 검토하고 반영하고자 노력하였는지 점검한다.

2) 사전테스트

 K-MOOC 플랫폼과 콘텐츠 간 차시별 진도 체크 여부를 확인하고 연동 기능을 테스트한다. 콘텐츠 내용, 기능 오류를 검증하고 오타가 있는지 다시 한번 확인한다.

 학습관리시스템과 학습 지원 도구의 기능이 정상적으로 작동하는지 확인한다. 모든 검수 및 테스트 작업 후, K-MOOC 플랫폼에서 강좌를 개설한다.

 이용자 테스트는 강좌 업로드 직후에서부터 강좌 공개 이전, 일련의 콘텐츠 모니터링을 시행하여 발견되는 문제에 대하여 내용상 오류, 기술적 오류를 바로잡는 활동이다.

상시 모니터링과 정기 모니터링을 통하여 문제를 발견하는 즉시 해결할 수 있도록 한다. 정기적 모니터링은 콘텐츠 관리팀에서 적어도 주 1회 정도 실시하도록 하고, 비정기적 모니터링은 운영 튜터를 중심으로 매일 1회 이상 모니터링을 통하여 실시하는 시스템을 도입하는 것도 가능하다.

라. 운영

❖ 필수

☑ 평가 관리
수료 기준을 구체적으로 안내하였는가?
평가 준거와 기준을 학생들에게 제공하였는가?
☑ 수료 관리
학습자가 이수 결과와 이수증을 출력할 수 있는가?

❖ 권장

☑ 강좌 안내
강좌를 성공적으로 이수할 수 있도록 안내를 제공했는가?
학습 시 문제가 생겼을 때 도움을 구하는 방법에 대한 설명을 게시했는가?
☑ 학습자 관리
학습자의 진도를 관리하고 참여를 독려했는가?
☑ 학습 지원
학습자들이 학습하는 도중 어려움이 없는지 정기적으로 확인하였는가?
학습자의 질문이나 과제에 대한 피드백을 즉각적으로 제공하였는가?

1) 운영 준비

강좌 운영 기간은 개강일, 종강일, 수업 주차 수 등으로 구분한다. 개강일은 수강 신청 기간을 고려하여 1~3주 이상 시간을 두고 설정하고 종강일은 강좌의 마지막 주차가 끝나는 시점 이후로 1~3주 이상 시간을 두고 설정한다. 수업 주차는 강의의 구성 주차를 의미하며, 강좌가 실제 운영된 기간을 의미하는 것이 아니다.

게시된 모든 학습활동, 과제의 완성도와 제출일을 확인한다. 동영상, 자막, 다운로드 링크 등이 제 위치에서 잘 작동하는지 확인한다.

강좌 시작 전, 본 강좌에 대한 소개가 담긴 1~3분 내외의 간결하고, 학습 동기를 자극할 수 있는 동영상을 제작한다.

2) K-MOOC 강좌 활용

MOOC 강좌를 실제 수업에서 활용(블렌디드 러닝, 플립 러닝 등)할 수 있다. 면대면 수업에 접목하여 교육의 질을 높일 수 있다.

구분	설명
블렌디드 러닝	블렌디드 러닝은 온라인과 오프라인 학습을 혼합하여 학습효과를 극대화하는 방법을 의미한다. 블렌디드 러닝에서 오프라인 학습은 온라인 강좌로 대체되지 않는다. 오히려, 온라인 학습은 연습 활동이나 오프라인 학습을 보조하는 방법으로 활용된다.
플립 러닝	플립 러닝은 블렌디드 러닝의 또 다른 형태라고 할 수 있다. 학생들은 수업 전, 학교 밖에서 주로 온라인 프레젠테이션 형태의 새로운 학습자료를 공부하게 된다. 수업 시간에는 문제해결 학습 또는 토론을 하면서 집에서 공부한 학습자료들을 적용해 보는 시간을 가진다.

✓ **블렌디드 러닝 도입 시 점검 사항**
- 소속 기관에 온라인 학습에 관한 정책(타인의 자료 사용에 관한 정책 등)이 있는가?
- 블렌디드 러닝을 도입했을 때 강좌 자료(교수요목이나 강좌 소개, 강좌 개발 계획서 등) 중에서 수정되어야 할 것이 있는가?
- 추가로 제시해야 할 자원이 있는가?

3. 한국U러닝연합회 콘텐츠 품질인증

국내에서 유일하게 등급을 부여해 품질인증하는 (사)한국U러닝연합회 산하 "콘텐츠품질인증위원회"는 2004년 처음 활동을 시작해 만 20년째 묵묵히 콘텐츠 품질관리를 해오고 있다.

현재까지 천오백여 개의 콘텐츠에 대한 품질인증을 의뢰받아 최우수콘텐츠 등급은 AAA, 그다음은 AA, A, B 순으로 심사위원들이 부여한 점수를 반영해 글로벌 신용평가업체인 '무디스' 방식으로 질 관리를 시행하고 있다.

자신이 무엇이 부족한지 아는 것이 메타인지라면 '콘텐츠 품질인증'은 질 관리뿐만 아니라 이런 메타인지를 돕는 과정이기에 더욱 의미가 크다고 할 것이다.

오랫동안 검증된 세부 콘텐츠 품질인증 평가 기준은 다음과 같다.

가. 학습 내용 부문 (전체배점 30점)

1) 학습 목표

- 과목명이나 학습주제에 적절하게 학습 목표가 설정되었는가?
- 학습자가 학습 목표를 확인하고 쉽고 명료하게 이해할 수 있는가?

2) 지식정보

- 사용된 사례들은 파지와 전이가 잘 이루어지도록 학습 목표와 관련되어 제시된 것인가?
- 학습 내용을 제대로 이해하고 활용할 수 있도록 학습 목표와 관련해서 사례를 제시했는가?
- 학습자들에게 필요한 지식정보를 충분히 제공하고 있는가?
- 제공되는 정보들이나 사례들은 정확한 것인가?
- 인용한 부분들이 있으면 출처가 명확하게 밝혀져 있는가?
- 사회변화와 환경을 고려한 최신정보를 담고 있는가?
- 심화학습이나 보충학습을 위한 내용들을 제공했는가?

3) 일관성과 적절성

- 제시된 학습 대상의 수준에 적합한 내용인가?
- 학습 내용은 학습 목표와 일관성을 유지하고 있는가?
- 학습주제와 부합하는 과제물이나 활동을 제시하고 있는가?
- 요약정리는 중요한 내용을 효과적으로 제시하였는가?
- 평가내용의 난이도는 본문 내용에 비추어 적당한가?

나. 교수설계 부문 (전체배점 30점)

1) 학습 동기 전략 (ARCS 모델 차용)

- 도입 부분에서 학습자의 주의를 충분히 이끌고 있는가?
  (처음 봤을 때, 흥미로운 느낌을 받을 수 있는가)
- 콘텐츠 전반적으로 학습자의 주의를 계속 환기하고 있는가?
  (지루하지 않게 콘텐츠를 계속해나가도록 했는가?)
- 학습 내용의 설계가 학습자의 경험과 관련되어 있는가?
  (학습자들이 공감할 수 있는 내용이나 사례들인가?)
- 학습에 대한 만족감을 부여하고 있는가?
  (학습자가 학습을 마쳤을 때 스스로 성취도나 학습의 흥미성 등과 관련해 만족할 수 있도록 만족감을 부여하고 있는가?)

2) 상호작용

- 학습자가 콘텐츠에 상호작용할 수 있는가?
  (콘텐츠를 그저 읽는 것이 아니라 클릭이나 쓰기 등 각종 활동을 할 수 있도록 했는가?)
- 콘텐츠는 학습자의 상호작용에 제대로 반응하는가?
  (학습자 활동에 적절한 반응이 나타나거나 피드백이 제공되는가?)
- 교수자 혹은 안내자와 학습자 간의 상호작용을 유발하고 있는가?
  (교수자나 안내자가 게시판이나 메일 기능 등을 통해 상호 작용할 수 있는가?)
- 학습자간의 상호작용을 유발하고 있는가?
  (학습자가 게시판 등을 통해 상호 작용할 수 있는가?)

3) 내용 제시

- 학습 내용이 제대로 모듈화되어 있는가?
  (학습 내용을 제시하는 방식이 체계적으로 구조화되어 있는가?)
- 학습 내용과 부합하는 매체들을 다양하게 사용하고 있는가?
  (그래픽이나 도표, 애니메이션 등 풍부한 매체를 적합하게 사용하고 있는가?)
- 학습 내용의 난이도가 점진적으로 구조화되어 있는가?
  (쉬운 것에서부터 어려운 것으로 난이도 체계를 가지고 있는가?)
- 학습 목표부터 평가까지 일관적으로 구성되어 있는가?
  (학습 목표에 나온 사항들을 평가에서도 잘 반영하고 있는가?)
- 학습 내용 제시 분량은 적절한가?
  (한 화면에 제시하는 혹은 전체적인 분량은 적당한가?)
- 부가적인 학습자료들을 적절하게 제시하고 있는가?
  (링크나 팝업 등을 이용해서 부가 자료를 잘 제시하고 있는가?)

4) 교수-학습전략

- 학습 목표에 부합되도록 분명한 교수-학습전략을 세웠는가?
  (학습 목표를 달성하기 위한 나름의 교수-학습전략을 구상했는가?)
- 교수학습전략이 무리 없이 적절하게 사용되고 있는가?
  (교수학습전략이 실질적으로 융통성 있게 사용되고 있는가?)
- 내용 제시나 교수 전략의 응용이 창의적으로 이루어졌는가?
  (참신한 교수설계인가?)

다. 사용자 편의성 부문 (전체배점 20점)

- 학습 화면의 인터페이스가 이해하기 쉽게 구성되어 있는가?
- 전체적인 디자인이 조화롭고 일관성이 있는가?
- 학습에 필요한 음성, 동영상 등 멀티미디어가 쉽고 편리하게 제대로 작동되는가?
- 학습 과정에서 학습자가 참조할 수 있도록 전반적인 학습 가이드(MAP, 학습 안내, 도움말, 부교재 등)가 편리하게 제시되어 있는가?
- 현재의 학습 내용과 자신의 위치를 파악하는 것이 쉬운가?
- 자신의 진도를 파악하고 학습 속도를 자유롭게 조절 가능한가?
- 자신의 학습 스타일에 따라 다양하게 학습할 수 있는가?
- 학습과 관련된 링크(link) 이용에 오류가 없는가?
- 학습자를 위한 색인이나 검색 기능과 책갈피 기능이 있는가?

라. 학습환경 부문 (전체배점 10점)

1) 프로그램의 설치와 실행

- 문의 사항이나 궁금한 점을 바로 연락할 방법이 있는가?
- 하드웨어 및 소프트웨어의 권장 학습환경을 명시하고 있는가?

2) 운영 및 문의 정보

- 학습자료를 내려받는데 걸리는 전송속도 정보가 있는가?
- 다운로드 관련된 그림이나 애니메이션에 대한 부연 설명이 있는가?

마. 총평 영역 (전체배점 10점)

- 평가 담당자의 전반적인 평가 점수
- 평가항목에서 다루지 못한 부분 포함 평가
  (창의적인 콘텐츠, 에듀테인먼트 적인 요소 등)

바. 가점 요소 (전체배점 5점)

- 콘텐츠 개발을 위해 별도의 교수설계자와 추가 개발자 확보했는가?
- 콘텐츠의 수정이나 보완을 원활히 지원하고 있는가?
- 본격 운영하기 전에 현장 테스트를 거쳐 보완하였는가?
- 자체평가위원회 혹은 그에 상응하는 조직체계를 통해 자발적으로 콘텐츠 실질 심사기능을 수행하는가?

제5부
K-이러닝 성공전략

1. 차별화 전략
2. 저공비행
3. 지식 숲 생태계 조성
4. 이기는 습관
5. 이러닝 전문인력 업그레이드
6. K-이러닝 독립 만세

1. 차별화 전략

 수요자인 학습자 편의 중심과 더불어 차별화를 위한 자기 정체성 파악부터 시작되어야 할 것인바, 우선 메타인지의 기본적인 출발선인 '자기 자신이 무엇을 알고 무엇을 모르는지?'부터 정확히 파악 후 사회적인 동향 및 역사성까지 감안해 차별성을 부각하는 요소를 집중적으로 파고들어 승부수를 던져야 할 것이다.

 특히 K-이러닝 콘텐츠 개발 및 서비스 단계에서는 한국적 특성을 감안한 교수학습 방법론뿐만 아니라 내용적인 측면에서도 한국의 정체성을 담아낼 수 있는 부분까지 감안해 차별화 전략을 감안해야 한다.

2. 저공비행

 (사)한국U러닝연합회가 2010년 공군교육사령부와 공동으로 개발한 "저공비행"(저마다의 공부 비법으로 행복한 변화)은 첨단 IT 기술을 반영하여 <개인별 수준별 맞춤 학습>을 지향하는 캠페인으로 K-이러닝의 개별 맞춤 수업을 위한 성공전략으로 시대변화를 감안하여 에듀테크 등을 적극적으로 도입해 지속적인 업그레이드를 해나갈 계획이다.

 과거 높은 비용 때문에 개인별 맞춤 학습이 고급과외 정도로 치부되었지만, 과학 기술혁명으로 점점 낮은 비용에서도 1:1 수준별 맞춤교육이 가능해짐에 따라 지역 간 계층 간 학습격차 해소하면서 이런 <저공비행>이 현실화하고 있다. 더구나 2020년부터 챗GPT 등을 통한 인공지능 기술의 대중화로 개인별 수준별 맞춤 학습은 저렴한 비용으로 충분히 가능해져 향후 AI 기술 진화의 힘을 빌려 더욱 대중화될 것으로 기대된다.

3. 지식 숲 생태계 조성

숲을 거닐며 뭇 생명들과 교감하고 소통하듯이 K-이러닝 생태계를 조성하여 수요자와 공급자가 어울려져 지식 숲으로 성장 발전토록 정부와 민간이 힘을 합쳐 새로운 도약의 계기를 만들어 나가야 할 것이다.

특히 2003년부터 개최해온 "이러닝매치포인트" 세미나와 정부 차원의 "이러닝 엑스포" 등 통해 신기술 동향 공유 및 이러닝 전문가 교류의 장을 마련해 왔기에 이런 역사가 쌓여 현재 이러닝의 모습을 유지해 왔기에 앞으로도 이런 만남과 나눔의 공간이 계속 확대되어 지식 숲 생태계로 진화발전 되길 기대해본다.

대신 앞으로는 인공지능 기술 등을 통해 더욱 변화무쌍한 형태로 교육현장이 달궈질 예정인바, 이를 잘 반영해서 변화의 속도를 더욱 탄력적으로 운용해나가길 바란다.

요즘은 에듀테크 활용 수업법이 주목받는 단계이므로 태블릿 PC와 각종 앱 등을 연계해 효과적인 교수학습이 이뤄지도록 잘 다독거려 나가야 할 것이다.

4. 이기는 습관

가. 대박 콘텐츠 모델 확보

K-팝이나 K-드라마처럼 성공사례 발굴하여 세계진출 도전이 당장은 쉽지 않겠지만 이전 식스 시그마(six sigma) 강의, 조벽 교수 강의, 인기 강사 성공사례를 거울삼아 해외 진출의 문을 두드릴 필요가 있다.

나. 한국적 정체성 확보

우리만의 정체성 확보를 위해 한국학에 대한 정확한 개념 정립이 필요해 한국학중앙연구원의 한국학 연구 방향성 모색을 참고해볼 만하기에 2023년 K 학술연구 과제 RFP를 인용해 그 시사점을 찾아보고자 한다.

1) 한국학 연구 사업 목적

최근 유행하고 있는 한류 등 한국 대중문화에 편중된 세계인들의 관심을 한국학계의 학술 성과를 비롯한 한국학 전반에 관한 관심으로 이끌어 전 세계 한국학 연구·교육의 활성화를 도모한다.

국내 연구성과와 해외의 수요를 반영한 한국학 각 분야 온라인 강좌 및 교재 개발·보급을 통해 해외 한국학 연구 및 교육의 여건 개선 및 역량 강화를 추진한다.

한국의 고유 인문·예술·사회 분야 한국학을 새로운 교육 콘텐츠 형태로 확산함으로써 한국의 국제적 이미지와 신뢰도 향상을 도모한다.

세계 한국학을 선도할 국내 콘텐츠 생산 거점들을 구축함으로써, 글로벌 학문 후속세대 양성 및 학술 한국 인지도 제고를 추진한다.

2) 연구 지원 방향

국내·외 한국학 연구성과를 고루 반영하고 해외 한국학 교육여건에 특성화된 콘텐츠를 제작·보급하여 전 세계 한국학의 새로운 도약 발판을 마련할 중형급 K 학술확산연구소 지원한다.

해외연구자와 국제 공동연구를 수행하고, 해외 연구 및 교육 수요에 맞는 ICT 기반의 다국어 강좌·교재 제작 및 보급한다.

3) 온라인 강좌 및 안내서 제작 운영

연구소는 1년에 5개 강좌, 5년간 총 25개 강좌 제작하였으며, 온라인 강좌의 교안에 해당하는 안내서(연간 105시간 내외)를 개발(pdf 텍스트 또는 e-book 출판) 했다.

4) K-학술연구 강좌 운영 지침

❖ 강좌

1개 강좌의 총학습 인정 시간은 21시간 기준이며, 동영상 재생 시간은 8.4시간 이상, 기타 학습요소 운영시간은 12.6시간 이상 권장한다.

❖ 강의

1개 강좌는 6개 이상의 강의로 구성하는 것을 권장한다.

❖ 동영상

1개 강의에는 5~6개 내외의 동영상(segment) 제작을 권장한다. 1개 segment의 길이는 15분 내외로 '기승전결' 구조를 갖춘 완결적 형태의 segment 제작을 권장한다. 예를 들어, 1개 강좌의 강의 수는 6개이며 학습 인정 시간은 12.6시간 내외이다. 1개 강의의 학습 인정 시간은 3시간 내외이다.

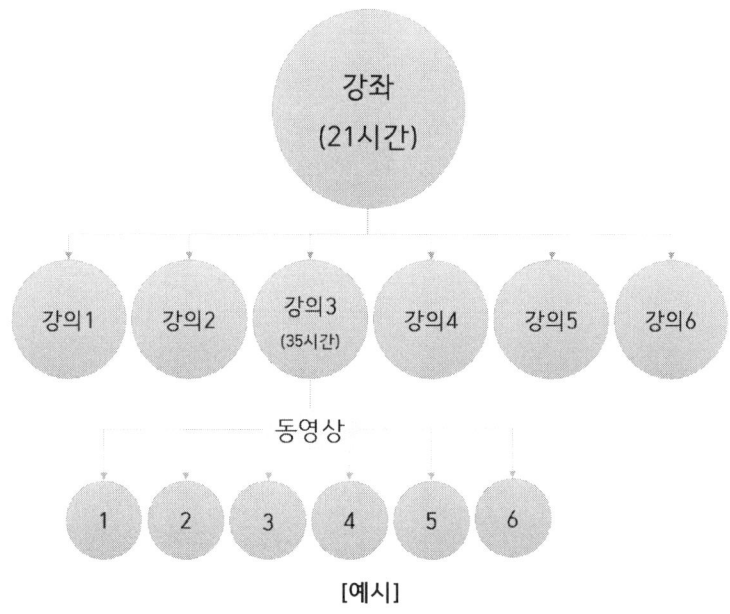

[예시]

- ☑ 1개 강좌의 동영상 재생 시간 / 기타학습 요소 운영시간 구성
- ▪ 동영상 시간: 8.4시간(504분)
- ▪ 기타 학습요소(퀴즈·토론·보고서·시험 등) 운영시간: 12.6시간(756분) 내외로 설계

- ☑ 1개 강의의 동영상 재생 시간 / 기타 학습요소 운영시간 구성
  - 동영상 시간: 1.4시간(84분)
  - 기타 학습요소(퀴즈·토론·보고서·시험 등) 운영시간: 분 내외로 설계: 2.1시간(126분)

- ☑ 1개 동영상 재생 시간 / 기타 학습요소 운영시간 구성
  - 동영상 시간: 15분 내외의 복수의 동영상으로 구성
  - 기타 학습요소 운영시간: 21분 내외로 설계 (동영상별 기타 학습요소는 자유 설계)

5. 이러닝 전문인력 업그레이드

코로나19 감염사태를 계기로 비대면 사회 경험치 덕분에 이러닝 종사자들 교육은 직업의 특성을 감안하여 일부러라도 100% 온라인교육으로 하는 것이 오히려 현실적으로 필요하다.

특히 2023년 하반기 이후 코로나19 해제 이후에도 이러닝 종사자들의 경우 비대면 소통역량 강화 차원에서 전면 온라인교육으로 지식디자이너 과정 등을 계속 진행하기로 한 바, 이에 걸맞게 비대면 환경에 최적화시켜 학습자들과의 디지털 소통에 익숙해질 필요가 있다.

MZ세대들이 비대면 생활에 익숙해져 자연스럽게 온라인으로 소통하는 것처럼 이러닝 종사자들도 이런 흐름에 발맞춰 온라인 완전 학습에 도전하는 자세로 스스로 문제 해결을 이러닝으로 해나가는 걸 생활 속 습관으로 끌어들이는 방법도 현실적인 듯하다.

가. 80년대생의 디지털 생활 활약상

한국 사회의 허리 역할을 하는 80년대생들의 현장 활약상 아래와 같이 소개합니다.

1) 오피스클라우드 고현정 대표

✎ **자기소개**

<오피스클라우드>에 재직 중이며 Microsoft MVP로 스마트워크를 위한

Microsoft 365 교육 및 컨설팅을 9년 차 진행하고 있다.

Microsoft 365 Admins & Users, SharePoint, OneNote, OneDrive, Outlook 등 스마트워크를 위한 여러 권의 책을 출판했으며, 더 많은 분이 스마트워크를 할 수 있도록 인프런, Udemy, 에어클래스 등에 다양한 이러닝 강의를 진행하고 있다.

❖ 온라인 강의 및 인공지능 활용 교육 진행

하이브리드 업무 환경으로 인해 회사, 재택 또는 여러 위치에서 근무하는 직원들을 위해 MS 화상회의/교육 제품인 Teams를 통해 기업의 스마트워크와 협업을 위한 온라인 강의와 컨설팅을 진행하고 있다.

❖ 라이프 사이클 중 디지털 활용 비율과 온라인 업무처리 현황

회사의 태생 자체가 스마트워크를 위한 교육/컨설팅이라 설립부터 재택근무를 해오고 있으며 오프라인 대면 교육을 원하는 교육 외의 모든 교육과 업무는 실시간 온라인으로 진행된다.

교육에 대한 문의는 고객 전용 사이트나 이메일을 통해 원격으로 이루어지며, 지원이 필요시 원격으로 접속해 해결한다. 상담 역시 모두 온라인으로 진행되며 필요시 Teams를 통해 Meeting을 진행한다.

고객의 상담부터 처리, 교육/컨설팅이 모두 온라인으로 업무 처리되며, 집합교육 시에만 집합교육으로 진행하며 나머지는 모두 온라인으로 진행하고 녹화하여 녹화 파일까지 전달하는 것으로 업무가 종료된다.

✎ MS의 AI 활용 Office365 현장 적용 가능성 등 AI 전망

먼저 지금 사용자들이 가장 기대하고 있는 Copilot은 AI 기반 코드 보조로 사용자들이 아무리 학습하더라도 20%도 채 쓰지 못하는 Office 프로그램의 다양한 기능을 모두 쓸 수 있도록 도와줄 것이다. 이를 통해 생산성을 높이고 반복적인 작업을 자동화할 수 있게 된다.

또한 챗GPT와 Bing의 결합을 통해 사용자들은 Microsoft 365에 대해 궁금한 것을 자연어로 묻고 답을 얻을 수 있어 더욱더 효율적이고 편리한 업무 환경을 구축할 수 있다.

❖ 80년대생이 바라본 세상은?

교육과 컨설팅을 하다 보니 다양한 세대와 다양한 직종을 만나게 되는데, 한 회사에서 정말 다양한 세대가 함께 일하고 있는 것이 특징이다.

50대 이상 임원분들은 아날로그를 좋아해 다이어리나 노트에 다 적고, 클라우드를 어떻게 믿냐는 의심이 많고 기능을 익히는 데 오래 걸린다.

40대의 과도기를 거친 분들은 아날로그와 디지털이 섞여 있어 자신이 쓰던 것 외에 새로운 것을 싫어한다. 가장 활발하게 이것저것 다 써보고 테스트해보며 빠르게 기능을 익히는 것은 30대이며, 20대는 iOS, Mac 등 익숙하게 사용하고, 새로운 것에 대해 빨리 받아들이지만, 그것을 업무에 적용하는 것까지 알려 줘야 한다.

❖ 향후 계획

강의와 컨설팅은 지금처럼 계속해 진행할 예정이며, 앞으로 더 많은 이러닝 강의를 제작해 더 많은 기업의 사용자들이 스마트워크와 협업을 할 수 있도록 도울 계획이다.

2) 플립온코리아 여민구 부사장

✦ 자기소개

 교육공학과 졸업하고 이러닝에서 15년째 일하고 있다. 현재 HRD 기업인 <플립온코리아>에서 부사장직 수행하고 있으며 콘텐츠 개발 및 총괄 업무 수행하고 있다. 처음 이러닝 관련 개발업체에서 스토리보딩 업무하다 한국U러닝연합회에서 일한 뒤 한화S&C로 옮겨 시스템적인 접근을 경험해보고 플립온코리아에서 일하고 있다.

✦ 최근 이러닝 사업 추진 경과

 플립온코리아가 처음 이러닝 쪽 콘텐츠 개발 재아래도급 관련 사업을 주로 수행하다가 최근에는 사이버대학 단독 콘텐츠 개발 수주 등 2022년부터 본격적으로 이러닝 쪽에 뛰어들어 현재는 6:4 정도로 이러닝의 비중을 높여 나가고 있다.

✦ 라이프 사이클 중 디지털 활용 비율

 자연스레 디지털과 친숙해 일상에서 비대면 업무수행이 편하기도 하나 영업적인 관점에서 대면 업무도 소홀히 할 수 없는 상태인지라 온라인 오프라인 병행한 소통방식에 온 힘을 다하고 있다.

 대기업 한화에서 5년간 일한 경험으로 Smart Workflow가 나름 몸에 배어 있어 중소기업에서도 가능하면 시스템적인 접근을 강조하는 편이다.

 환경 측면으로는 디지털 업무처리가 훨씬 편한 상태이나 고객 응대 차원에서 대면 소통도 원활하게 겸해야 한다는 점을 잘 알고 있기에 "플렉스" 등 중기바우처 플랫폼 그룹웨어 활용도도 높여 다양한 소통방식을 현장에 적용하는 중이다.

자녀교육에서도 디지털 소통에 열려있어 태블릿 PC로 영어 동화 시청하게 하는 등 온라인교육을 적극적으로 활용하고 있다.

❖ 80년대생으로의 세계관은?

586세대 및 X세대와의 차별성으로 상대적인 독립 성향과 "공유의 가치"를 들 수 있겠는데 광주민주화운동 등 80년대 뜨거운 민주화 열풍을 한 단계 건너뛴 세대이기에 비교적 시대정신에 자유로운 세대이다.

따라서 인터넷을 통한 사회경제적인 "개방과 공유"의 가치에 좀 더 익숙해 위아래 세대들과도 얼마든지 공유할 수 있다는 믿음이 상대적으로 크다고 여긴다.

80년대생이라고는 하지만 아직 우리 사회의 기득권인 586세대 및 X세대의 존재감이 큰 상황인지라 함께 어우러져 살아가야 한다는 공존의식으로 현실감을 유지하고 있다. 또한, 요즘 두각을 보이는 MZ세대와의 갈등을 줄이는 데도 힘을 써야 하기에 두루두루 "연결과 소통"의 가치를 중요하게 여기고 있다.

❖ 향후 계획은?

플립온코리아가 Happiness Resource Development로 HRD 기업의 비전을 두고 있기에 고객 기업 임직원의 행복과 성과 창출을 최고의 가치로 설정, 국내 최고의 행복자원개발 기업으로 성장하는 데 총력을 기울일 예정이다.

교육공학 전공자로서 Happiness Resource Development의 철학을 가진 이러닝 전문가로 평생교육 차원의 행복자원 개발을 지속할 수 있는 인생 사업으로 추진해보고자 한다.

3) 한국U러닝연합회 연구원

자기소개

컴퓨터공학과 출신으로 이러닝 전문인력양성과 콘텐츠 품질인증을 10년째 맡아 온라인교육 운영 및 자격인증사업을 총괄 수행하고 있으며 초등학생 학부모로서 자녀의 디지털 활용 교육도 챙겨주고 있다.

지금 맡은 일은?

교육 운영 담당자로서 지식디자이너 및 이러닝 기획운영자 과정을 총괄하고 있고 분기에 1회 이상은 ZOOM을 활용한 온라인세미나 진행 및 e러닝인력개발원(www.kendi.or.kr) 온라인교육 수강생들 과정 등록부터 수업 진행과 종료 후 수료증 발급까지 일괄 관리 중이다.

라이프 사이클 중 디지털 활용 비율

오프라인으로 교재 및 자격증 배송 외의 거의 모든 업무를 웹, 모바일로 수행한다. 메타버스, 부모교육 등 학교에서 안내하는 다양한 기관의 온라인 강의에 최대한 참석하며 SNS 라이브 방송을 통해 정보를 얻는다.

❖ 80년대생으로서의 세계관

이미 우리 사회는 디지털 대전환을 거치는 중인데다 코로나19 감염사태를 맞아 비대면 사회를 경험한 이후 급격하게 디지털 생활의 비중이 높아지고 있고 이를 통해 중장년과 디지털 네이티브 세대와의 격차가 더욱 심하게 벌어지고 있다고 본다.

이에 될 수 있으면 중간역할을 잘해 나가고자 부모님이 스마트폰을 원만히 다룰 수 있도록 도와주는 등 주변의 중장년 세대의 디지털 생활을 적극적으로 도와주고 있다.

❖ 향후 계획

앞으로 점점 K-이러닝의 비중이 높아질 것이기에 한국U러닝연합회 담당자로서 이러닝 콘텐츠 품질인증 및 컨설팅의 소임을 수행을 예정이다.

나. 이러닝지도사의 역량 업그레이드

2004년부터 시작된 이러닝지도사 자격검증 시험 제도를 통해 현재 1만 명에 달하는 이 분야 전문인력이 이러닝지도사 2급, 1급 자격증을 획득해 사이버대학, 공공기관, 이러닝 업체 현장에서 활약하고 있다.

처음 인터넷 학습이라는 개념으로 시작된 이러닝이 최근 에듀테크 활용 교육으로 진화 발전된 것처럼 이러닝지도사도 시대적 환경변화에 발맞춰 지속적인 역량 업그레이드가 필요하다.

먼저 사람들의 본질적인 학습 동기 파악부터 시작해 온라인 학습관리 역량, 그리고 급변하는 에듀테크 동향 수용 등 전문성과 소통역량, 그리고 리더십도 함께 키워가야 할 것이다.

특히 위에 언급한 80년대생 분들이 이 분야 관련 자격증 소지자로 오랫동안 현장에서 갈고닦은 실력이 바탕이 되어 자기주도성을 겸비한 전문가로 성장하고 있는 것처럼 지속적인 역량 강화 노력이 필수적이다.

1) 전문성

이러닝 콘텐츠 개발부터 운영, 서비스를 원활하게 수행하기 위해 교수설계 및 기획역량 등 필요한 직무분석을 바탕으로 이러닝 전문성을 심화시키는 노력을 부단히 계속해 나가야 할 것이다. 특히, 모바일 학습환경으로의 이전 등을 감안해 반응형 웹 기반의 콘텐츠 개발 기술 취득 등 IT 기술 변화도 잘 수용해 탄력적으로 대응하여야 하기에 수시로 동향에 맞는 에듀테크 활용 역량도 강화해 나가야 한다.

2) 소통

교수설계자나 운영자 혹은 상위직급으로 올라갈수록 내용전문가 및 이해관계자와의 소통역량이 더욱 크게 요구되기에 원활한 의사소통을 위한 대인관계 스킬 업 과정 등 필요한 교육 이수와 함께 워크숍 참여를 통해 커뮤니케이션 능력 또한 적극적으로 키워나가야 한다.

특히 컴퓨터나 각종 미디어를 통한 작업수행이 많은 직종인 만큼 사람들의 민감한 감정변화 등을 잘 읽고 대처하는 능력이 필요하기에 심리학 상담 기술 등도 평소에 체화시키는 노력이 필요하다.

3) 리더십

이러닝 관련 업무도 결국엔 사람과 조직을 상대로 하는 일이기에 리더십 역량이 무엇보다 중요하므로 해당 분야 경력을 높여 나갈수록 리더십을 키우는 것이 필수적이다. 따라서 이러닝지도사의 역량 강화 및 자질 향상을 위해 리더십을 함양하는 일련의 노력이 반드시 뒤따라야 할 것이다.

더구나 K-이러닝으로 업그레이드하기 위해서는 기존 온라인 교육과정의 재개념화, 재매개화, 재구조화 시킬 수 있는 통찰력과 추진력이 바탕이 되어야 하기에 냉철한 상황분석이 전제된 이후 새롭게 도약하는 모멘텀을 잡아 확실하게 밀어붙이는 리더의 역량을 부지불식간에 발휘시키게끔 대내외적 지도력 키우는데 투자를 아끼지 말아야 할 것이다.

6. K-이러닝 독립 만세

이러닝은 1999년 노동부의 고용보험 환급 원격훈련 지원과 2001년 평생교육법에 따른 사이버대학 학점인정 등 정부 지원정책에 의거 활성화되기 시작했다.

그러나 20년이 지난 지금 아직도 정부 지원에 크게 의존하고 있어 독립성 확보가 관건인바, 미국 MOOC가 IVY 리그 대학에서 자율적으로 이뤄지는 것처럼 K-MOOC 정부 지원을 대학 자율에 맡기는 등 개선책 마련이 시급하다.

이러닝 역사가 20년이 훌쩍 넘어섰지만 코로나 이후 완전히 변화된 상황인지라 이러닝이 생명력을 유지하려면 정신 바짝 차려야 될 정도로 주변 환경이 급속이 나빠진 상태이기에 긴장해야 한다.

그래도 예전엔 정성을 다해 만든 콘텐츠가 종종 있었는데 요즘은 대충 시간만 보내고 정부 예산 소진하려고 만든 콘텐츠가 있어 이러닝에 나쁜 이미지만 주는 경우가 많아 신경을 많이 써야 할 것이다.

따라서 이러닝 질 관리에 투자를 늘려감과 아울러 한국형 스타일 및 한국적 방식을 의미하는 K-이러닝의 K에서처럼 이러닝법 제정 20년이 지난 시점에서 독자적인 자기만의 방식 도입과 현지화 실천이 무엇보다 중요하다.

아울러 정부 주도의 국가독점 교육에 대응하여 민간의 자율성과 독립적인 교육생태계 구축 또한 절실하기에 이 부분에도 중장기적인 대책 마련이 필요하다.

가. 문제 제기

여기서 K-이러닝의 독립을 위한 질문으로 접근해보자면 다음과 같은 문제 제기로 대안을 모색해보고자 한다.

❖ **K-팝, K-드라마처럼 K-이러닝으로 대한민국 이러닝의 정체성을 살려 세계 이러닝 강국으로 도약할 수 있을까?**

전대미문의 코로나로 인한 비대면 시대를 거치면서 충분히 온라인으로도 기존 학교 교육을 대체할 수 있다는 점을 확인하고 그동안의 이러닝 경험을 바탕으로 이 시기 비약적인 성장을 이뤄낼 수 있었던 만큼 자신있게 디지털 교육혁명을 주도하면 충분히 이러닝 강국으로 도약할 수 있을 것이다.

누가 이렇게 K-팝이 성공할 줄 알았느냐는 말처럼 우리나라 이러닝도 비약적인 성장을 예견할 수 없었던 만큼 충분히 앞으로 발전 가능성이 있다.

높은 교육열과 역사적인 경험에서 우러난 역동성을 살려 나가면 이러닝 강국 실현도 남의 일이 아닐 수 있다.

❖ **우리나라 이러닝의 독특한 차별화 전략은 무엇일까?**

민간 온라인교육 회사의 인터넷 강의처럼 현장의 역동성을 온라인에 반영해 시간 구애받지 않고 역동적인 이러닝을 구현한 점이다.

강의력 향상을 위해 다양한 아이디어와 실험, 그리고 학습자들이 지루하지 않게 만들기 위해 매시간 옷 갈아입기 등 풍부한 온라인 강의 경험으로 학습자들 주의집중을 잘 이뤄냈다.

IT 기술을 유연하게 수업에 접목해 언제 어디서나 끊김이 없이 편하게 수업할 수 있도록 학습 환경 제공한다.

나아가 한국적인 교육의 특성은 무엇인가?

높은 교육열로 대학 입시경쟁 위주의 교육환경으로 외국에 비해 집중도가 높으며 "빨리빨리" 문화로 즉시 즉각 문제 해결 능력이 발달해 학업 성취도가 발달했다.

"따로 또 같이" 환경에 익숙해 온라인 오프라인 융합 교육에 적합하다.

이런 고민을 바탕으로 20년이 지난 우리 이러닝을 다시 생각해보고 재개념화, 재매개화, 재구조화하는 계기를 만들어보고자 한다.

나. K-이러닝 독립 방안

고용노동부 고용보험 환급에 의한 기업 이러닝 활성화 정책 등 그동안 너무 정부 의존적이었던데다 2023년 봄부터 코로나19 해제 이후 오프라인교육으로의 복귀 등으로 이러닝이 다소 침체한 분위기도 있고 저출산에 의한 인구감소로 국내 이러닝 시장의 성장이 한계에 이르렀기에 아시아 등 해외시장으로 눈을 돌려야 하는 상황이기에 지금 이 시점에서 K-이러닝은 더욱 의미가 남다르다고 할 것이다.

특히 SCORM 표준화 실패 등 그동안의 시행착오를 바탕으로 K-이러닝을 통해 차별화된 질 관리 과정을 거쳐 우리나라 이러닝이 세계적인 선도국 지위로 업그레이드할 수 있도록 조금이나마 도움이 되었으면 한다.

현실적으로 메가스터디 인터넷 강의, 22개 사이버대학의 온라인 강의, K-MOOC가 우리나라 이러닝의 대표적인 사례라 할 만한데, 그러면 여기서 과연 우리의 차별성은 무엇인가?

우선 편의성, 역동성, 재현성을 뽑을 수 있을 것 같은데 오랫동안 살아남기 위한 수요자 중심의 온라인교육 구현 차원에서 언제 어디서나 쉽게 수강할 수 있도록 모바일과 PC 연동형의 반응형 웹 구현 등은 좋은 사례라 할 만하다.

2004년 1월 이러닝 법 제정으로 정체성의 뿌리를 내린 이후 20년이 지난 지금, 코로나19 해제 이후 다소 주춤하는 등 우여곡절을 겪은 그간의 현황을 살펴보고 새로운 20년의 비전을 수립하는 것도 큰 의미를 부여한다.

2000년대 초반 이러닝 초창기에 "식스 시그마" 등 열정이 넘쳐 혼이 담긴 이러닝 콘텐츠가 종종 나타났지만, 요즘은 대충대충 예산안의 범위에서만 만들어지는 콘텐츠가 대부분이라 넷플릭스 영화나 드라마처럼 높은 제작비 투자 이상으로 큰 수익을 올리는 데서 볼 수 있듯이 이러닝 콘텐츠에도 대박 상품이 나와 그야말로 K-이러닝의 위상을 높일 수 있기를 기대해본다.

정부 예산으로 운영되는 K-MOOC가 매년 수백억씩 투자되지만, 넷플릭스처럼 큰 흥행하는 교육 과정이 없는 데서 보듯이 정부 지원에 기댄 이러닝은 한계가 많음이 극명하게 드러난다.

참고문헌

간진숙, 정현재, 『플립러닝 설계실무』, 서울: 콘텐츠미디어, 2015.
한국U러닝연합회, 『e러닝지도실무』, 서울: 콘텐츠미디어, 2021.
한국U러닝연합회, 『온라인 완전학습』, 서울: 콘텐츠미디어, 2020.
K-MOOC 강좌 개발운영 가이드라인, 교육부, 2016.

K-이러닝 성공전략

에듀테크 활용, 메타인지 기반의 이러닝 품질관리

초판 1쇄　2023년 11월 1일
발행처　**콘텐츠미디어**
발행인　정 현 재
가　격　20,000원
ISBN　979-11-85958-00-2

콘텐츠미디어

주　소　(07532) 서울시 강서구 양천로 551-24, 1009호 (가양동, 비즈메트로2차)
전　화　02-780-0723~4
팩　스　03030-941-3795
웹사이트　www.contentsmedia.com
이 메 일　cem@kaoce.org

K-이러닝 성공전략
에듀테크 활용, 메타인지 기반의 이러닝 품질관리

초판 1쇄 2023년 11월 1일
발행처 **콘텐츠미디어**
발행인 정 현 재
가 격 20,000원
ISBN 979-11-85958-00-2

콘텐츠미디어

주 소 (07532) 서울시 강서구 양천로 551-24, 1009호 (가양동, 비즈메트로2차)
전 화 02-780-0723~4
팩 스 03030-941-3795
웹사이트 www.contentsmedia.com
이 메 일 cem@kaoce.org